職場の発達障害

岩波 明
Iwanami Akira

PHP新書

はじめに

仕事に関する問題は、一般の人においても、本書のテーマである発達障害を持つ人においても、人生の一大事である。どういった仕事を選択したらよいのか、いったん就職しても転職すべきかどうかといった点について、迷いは尽きない。

著名な経営学者のドラッカーは、仕事の選択について「今日の問題は、選択肢の少なさではなく、逆にその多さにある。あまりに多くの選択肢、機会、進路が、若者を惑わし悩ませる」と述べている。さらに彼は、「最初の仕事はくじ引きである」とも指摘しているが、まさにその通りであろう。

精神疾患と仕事の関係を振り返ってみると、これまでの制度では、多くの場合、保護とサポートという要因が含まれていた。例えば古くからある職親《しょくおや》制度においては、企業の経営者が善意で知的障害者などを預かって生活や仕事の訓練も行うもので、社会貢献といった要素が強調されていた。

統合失調症においては、今日の就労継続支援事業に相当する作業所が地域に設けられ、彼らの受け皿となっていた。病院の中でも「作業療法」が施行され、スタッフの援助を受けながら軽作業や印刷の写植、陶磁器作りなどが行われていた。

その後、1990年代からはうつ病の問題がクローズアップされ、「リワーク」の制度が一般的となる。これは回復期にあるうつ病患者を対象に、職場復帰へのリハビリテーションを行うものであった。

一方、発達障害と仕事の問題を検討すると、上記のような流れとまったく無関係とは言えないが、むしろ異なった側面を強調する必要がある。というのは現在、精神科で診療を行っている成人の発達障害の人の多くは、一般の社会人であるからだ。

もちろん一時的に無職の場合もあるが、受診している発達障害の当事者の大部分は、就労はしているが、職場でなんらかの不適応を起こして受診に至ったというケースが多い。そういった意味から言えば、診断名は持っているかもしれないが、彼らは一般の人であり、健常者のある一群と言っても差し支えはない。

それどころか、社会的に重要なポジションにいる当事者も少なくない。医師や弁護士に留《とど》まらず、メガバンクや大手企業の管理職、企業のオーナーといった人も含まれている。これは従来の精神科の臨床では考えられないことであった。

さらに、少数ではあるが、発達障害の特性を持ちながらも、通常では考えられないような成功を収めている起業家も実在している。彼らは、自らの特性の上手な使い方をよくわかっているのであろうが、時代や運といったものも大きく味方をしたのであろう。

例えば、家具・インテリア業、ニトリの会長である似鳥昭雄《にとりあきお》氏である。似鳥氏は自らＡＤＨＤ（注意欠如多動性障害）の特性を持った落ちこぼれだったと回想しているが、赤字続きであった零細な家具店を日本を代表する企業にまで育て上げた。

けれども、一般の人々が彼らの真似をすることは危険である。致命的な失敗につながる可能性があるからである。やはり地道に自らの特性の問題を自覚し、それに対する対応策を考えないといけない。本書においては、そのあたりのノウハウについて、具体的な事例を挙げながら説明したい。

発達障害の認知度は高まったとはいえ、まだまだこの分野には誤解が多い。この本の一部の症例について、他社の編集者に読んでもらったときのこと、「こんな状態のよくない人たちに、仕事ができるとはとても思えない。これは実際の内容を書いているのか」と、予想もしない反応が返ってきた。この女性編集者は「発達障害に詳しい」と自認している人であったが、逆に発達障害はまだまだきちんと理解されていないことをあらためて認識した出来事であった。

本書に記載した症例は、個人が特定されないように固有名詞などは変更してあるものの、実在の人々であることをお断りしておく。

本書の執筆に関しては、ＰＨＰ研究所ビジネス・教養出版部の白地利成氏にたいへんお世話になりました。また昭和大学附属烏山病院のデイケアのスタッフ諸氏、昭和大学医学部精神医学講座の皆さん、および杉山紀美子氏には、専門的な観点から様々な助言を頂きました。ここに深く感謝の意を記します。

２０２３年８月

岩波　明

職場の発達障害

目次

第2章 ADHDをめぐる誤解——職場でどう接するか

第3章 ASD（自閉症スペクトラム障害）をめぐって

第4章　仕事とNeurodiversity

第5章　ADHDは治せる

第6章　ＡＳＤを治す

本書内に登場する受診者のお名前は、いずれも仮名です。

第1章
止まらない仕事のミスと対人関係の問題

ここではまず、成人期の発達障害において、生活上や仕事上どのような問題が生じやすいのか、その概略について、実際の症例に基づいて示した。さらに主要な2つの発達障害である、ASD（自閉症スペクトラム障害）とADHD（注意欠如多動性障害）について、症状と特性を説明する。

受診に訪れる高IQ・高学歴者の多さ

外来を受診する成人期の発達障害には様々な人がいるが、うつ病など従来の精神疾患のために通院している人たちとは、異なる点が多い。外来の様子が一変したと言っても、言い過ぎではない。

何よりもまず彼らは「普通」の人たちで、「一般」の社会人であるということである。受診する大部分の人はフルタイムかそれに近い仕事をしていることが多い。休職したり職がない状態であったとしても、仕事への意欲は十分に持っているケースがほとんどである。それどころか、世間の人たちが羨望する職業の人も多い。うつ病や不安障害においても重要な役職についている人は少なくないが、自身の疾患のために、活動を制限された状態になっていることが多い。

発達障害においては、有名大学や大学院卒という人は珍しくないし、メガバンクなど一部上場企業の会社員の他、医師や弁護士といった専門職の人もよくみかける。彼らの多くはASDやADHDの特性を持ちながらも、ベースにある高い能力で学校や仕事を乗り切ってきた人たちであるが、発達障害の特性が成功のきっかけになったというケースもみられている。こうした例は、アート関係の仕事や起業家に多い。

これまで多くの精神疾患において、うつ病に関しても、統合失調症に関しても、大部分のケースでは、病前のレベルに回復することが精一杯なことが多く、むしろ次第に能力や社会適応が低下していくことが一般的であった。これに対して、発達障害においては、治療によって目覚ましい回復を示し、かえって能力が上昇することもまれではない。

もちろん、経過が良好なケースばかりではない。発達障害の人は他の精神疾患が併存しやすく、なかなか安定化しないこともみられる。また対人関係のミスを繰り返すことで職場の適応が悪くなり、転職を繰り返した結果、引きこもりに近い状態になる例も存在している。

年齢・世代、性別――男性が多く、高学歴の20～30代が中心

実際に外来を受診した患者さんの年齢、性別などについてはどうであろうか。昭和大学附属烏山《からすやま》病院では、ＡＤＨＤ専門外来と発達障害専門外来という２つの専門外来を備えている。ＡＤＨＤ専門外来は主としてＡＤＨＤの当事者が、発達障害専門外来にはＡＳＤが中心であるが、ＡＤＨＤなどの疾患を持つ人も受診している。

われわれは、昭和大学附属烏山病院のＡＤＨＤ専門外来を受診したＡＤＨＤ患者について調査を行った。２０１５年１月から２０１６年12月の２年間において、ＡＤＨＤ専門外来の初診患者は３３５例、性別では男性１７９例、女性１５６例であった。平均年齢は32・０歳、年代別では20代が45・７％、30代が32・２％と大部分を占めていた。また学歴に関しては、大学入学以上が83・３％であった。

また、２００８年４月から２０１７年３月までの発達障害専門外来を受診したＡＳＤ患者についても同様の調査を行った。この結果、ＡＳＤ群は９３７例で、平均年齢は29・２歳、男女比は男性７５７例、女性１７８例で、修学年数は平均14・８年であった。

このように専門外来を受診する患者は、ＡＤＨＤにおいても、ＡＳＤにおいても、性別で

は男性が多く、高学歴の20~30代が中心となっている。

食品会社の管理職のケース

まず、大企業の管理職をしているADHDのケースを紹介したい。

茂木正司さんは高学歴の会社員で、全国規模の食品会社の管理職をしている。彼が発達障害の専門外来を受診したのは、妻の強いすすめがきっかけだった。妻は、茂木さんはアスペルガー症候群に違いないと主張していた。

茂木さんは小学校時代から「できる」生徒で、成績は常にトップクラスだった。だがその割にはケアレスミスが多く、教師からは「早とちりすぎる」、親からは「そそっかしくて落ち着きがない」と指摘されていた。友達は普通にいたが、どちらかというと一人でいることが好きだった。また忘れ物が多く、片付けも苦手だった。

公立の中学を経て、進学校だった県立高校に入学した。自由な校風でのびのびと過ごせたが、成績はトップクラスというわけにはいかず、中の上あたりを行き来していた。一年浪人した後、茂木さんは都内の難関私立大学に入学した。多くの大学生のように勉強はあまりせずに、サークル活動とアルバイトに明け暮れたが、授業の単位はしっかり取って無事に卒業した。

就職したのは大手の食品会社で、当初は営業担当だった。外回りは苦にはならなかったが、顧客との約束を忘れることが多かったため、自分で注意してしっかりメモをとるように習慣づけた。

また、同時並行で複数の仕事の案件が生じると、混乱して手につかない傾向がみられている。さらに人の話をしっかり聞かずに、言いたいことを一方的に言う傾向があったため、上司からは「厳しいことを言いすぎる」とたしなめられた。早合点して、つい相手の話にかぶせて発言してしまう特性は現在も続いている。

営業を10年経験してから本社勤務となり、人事や管理部門に配属された。採用やコンプライアンスの担当をしていたが、自分では十分仕事をこなせて周囲からも評価されていたと思っている。

妻から頼まれたことを覚えていない

その一方、家庭においては、妻と衝突することがしばしばだった。妻によれば結婚した当初から家事や育児にほとんど協力せず、子供が病気のときもすべて妻任せだった。また最近では記憶力の低下がみられ、妻から頼まれたことをきちんと覚えていないことがよくみられるという。

本人は、妻の話がまとまらないことが多いので、集中して聞くことができずについ聞き流してしまうと釈明した。妻の話はすぐ30分以上になるので、とても全部は聞いていられない、また妻との会話で覚えていない部分があると繰り返し何度も叱責される、というのだった。

茂木さんの場合、元来は優秀な能力を持っているが、同時にＡＤＨＤによる一定の不注意症状と衝動性があり、これらが仕事のパフォーマンスを幾分低くしていた可能性があった。それでも能力が高かったため、会社の業務は標準以上にこなせていたと思われる。

一方で家庭においては、茂木さんのよくない特徴がはっきりと出てしまっていた。家庭をないがしろにするのは、日本の男性にありがちな現象だが、茂木さんの場合には、ＡＤＨＤの特性も加わって家庭で妻の話にほとんど耳を貸さなかった。妻の話を聞いてはいても、その内容は素通りし定着することがなかったのである。数十年にもわたってこういう状態が続いたため、妻の不満が高じて受診につながったのであった。

茂木さんは小児期から現在に至るまで対人関係はほぼ良好であり、妻が主張するアスペルガー症候群という診断は否定的であった。一方で、不注意と衝動性は継続してみられ、ＡＤＨＤの診断にあてはまっていた。茂木さんに対して、ＡＤＨＤの特性を説明するとともに、妻の話を誠意を持って傾聴し、思いつきで中途で反論したりコメントしたりしないように提案した。

茂木さんは彼なりの努力はしたようであったが、妻にとっては満足のいくものではなかったようで、夫婦間の問題はその後も完全には解決していない。

実は、このようなパターンの夫婦の問題は少なからずみられている。長年ないがしろに扱われた妻が「反乱」を起こし、発達障害を名目に夫を精神科に受診させるというものである。夫に発達障害の診断のつくこともつかないこともあるが、夫婦の関係が安定するにはかなりの時間が必要であることが多い。男性側には自らの不注意を自覚するとともに、パートナーに配慮する気持ちを持つことが重要となる。

不注意、多動が職業上問題となるケース

さらに、不注意、多動が仕事上で問題となったケースについて述べたい。

石田四郎さんは、ＩＴ関係の技術者である。ある国立大学の理工系の大学院を卒業してか

ら20年近く、電機機器関連の大企業に勤務している。石田さんが発達障害の専門外来を受診したのは、現在から数年前のことで、年齢は30代の半ばだった。彼は自分の経過について、以下に示すようなメモを持参していた。

・私は他人といろいろなことが違っており、生活や仕事を営んでいくうえで困っている。
・うつと診断された一度目の休職のとき、病院の医師からアスペルガー症候群ではないかと診断された。
・会社の産業医からも、発達障害ではないかと指摘を受けた。私との面談を重ねるうちに、私の行動などからそう感じたらしい。
・ついては、私が発達障害なのかどうか、そうであれば、どのようなタイプの障害なのかを知りたくて参りました。

また過去の自分自身について、次のように述べている。

・幼少時、みなが外で遊んでいるのに、一人だけ室内で本を読んでいた。

- 体を動かすのが、嫌い。
- 今から思えば、行動、言葉が奇矯で、10歳から20歳の間、よくいじめられた。
- 人と目を合わせて話せない。
- 物事の軽重、優先順位のつけ方がわからない。

小児期の様子を聞くと、石田さんにはアスペルガー症候群というよりも、ＡＤＨＤの特徴が顕著だった。子供のころの石田さんはおしゃべりで、忘れ物が多く、よく物をなくした。また片付けも苦手だった。落ち着きがなく、親と外出したときにはぐれてしまうこともあった。こういった特徴に加えて、運動が苦手なので、いじめに遭《あ》うこともよくみられた。

小学校のころは一人で本を読むことが好きだったが、友人も普通にいて対人関係に苦労した記憶はない。また、ＡＳＤでみられるようなこだわりの強さはみられなかった。

石田さんは、大学院を卒業後、20代の半ばに現在の会社に就職し、主として事業の企画立案、総務的な事務作業に従事していた。彼はこれまでに「うつ状態」と診断され、何度か会社を休職している。

最初は、30歳代の初めのころだった。石田さんは当時の上司との関係がうまくいかなくなったことをきっかけにうつ状態となり、会社を休職することになった。朝起きても、体を動かすことができずに、会社に行けなくなった。精神科を受診し、リワーク（うつ病で会社を休職した人が、会社への復帰のために利用するリハビリテーションのプログラム）の利用を経て1年後に復職することができた。

その後、彼のうつ状態は慢性的に経過した。会社には出社していたものの、疲れやすさ、不安、集中力の低下などが散発し、精神科に継続的に受診し投薬を受けていた。ひと月に数回は、調子が悪くて急に休むことがみられていた。

最近まで、石田さんは「うつ病」として治療を受けていたが、対人的なストレスやオーバーワークなどによってうつ状態が悪化したため、短期間の休職を繰り返していた。比較的調子のよい時期にも、意欲の低下、不安焦燥感などは頻繁《ひんぱん》に出現していた。

スイッチが入ると過度に熱中

石田さんは一人暮らしで、毎日の生活ぶりはだらしなかった。けれども自分では、なかなかそれを直せなかった。生活は不規則で夜更かしをし、そのまま朝に起き上がれないために、会社を休むこともあった。日中はほとんど食事をしないで、夕食を大量に食べて、そのまま寝込んでしまうこともみられた。時間があれば、パソコンやスマホでゲームをしていることが多かった。ゲームをしているときには、スナック菓子やジュース類を多量に飲み食いするので、ある時期から血糖値の高値が続き、糖尿病と診断されている。

一方でスイッチが入ると、仕事でもそれ以外のことでも過度に熱中してしまう傾向があった。20代のころには、徹夜仕事もいとわずにかなりの残業をすることも頻繁にみられた。こうした仕事ぶりは、上司から評価されていた。本人はこのような「過剰集中」の特徴について、次のように述べている。

- いったん入ったら入りっぱなし。
- よくないとわかっていても、のめり込みやすい。
- 集中しやすく、視野狭窄《きょうさく》になる。
- そこまで求められていないのに、しなくてもいいところまでやって疲れきる。

また自分の欠点については、次のように述べている。

- 同時に多くの課題を処理するのが苦手。
- 人間関係が苦手。
- 人の性格や人の反応を予想できなくて、気を使ってしまい、うまくコミュニケーションができない。

発達障害の専門外来で、石田さんはＡＤＨＤと診断された。さらにうつ病の症状は、ＡＤＨＤから二次的に出現したものと考えられると指摘された。これまでの投薬の内容は変更され、新たにＡＤＨＤの治療薬が加えられた。

自分のペースで仕事ができるリモートワーク

当初、石田さんの生活ぶりになかなか変化はみられず、夜更かしをして遅刻をしたり、急に会社を休んだりすることを繰り返していた。

だが、主治医がＡＤＨＤの特性について何度か説明を行い、生活のリズムを規則正しくすることに自覚的に取り組むようになると、投薬の効果も合わさって生活面でも安定し、仕事のパフォーマンスも向上してきた。

ただ時間にルーズな点は続いており、外来の予約時間に遅刻することは相変わらずである。規則正しい生活が可能な時期には休まず仕事に行けているが、生活がだらしなくなると急に会社を休むことは最近でもみられている。

コロナ感染症によりリモートワークが増えたことは、石田さんには好都合であった。時間にしばられることなく、自分のペースで仕事ができるからだ。石田さんの生活の改善に投薬は一定の効果はみられているが、さらに効果を上げるには、本人の自覚と努力が不可欠である。

看護師の女性のケース

赤池孝子さんは、看護師として働いている女性である。彼女は精神科クリニックに通院し、双極性障害と診断されていたが、発達障害の疑いがあると言われて専門外来に紹介されてきた。

赤池さんによれば、以前より仕事でケアレスミスが多かったが、特に最近の数年でひどくなったという。このため仕事での信頼感がなくなり、さらに勝手に判断をしたり思ったことをそのまま言って患者や他のスタッフを怒らせてしまったりすることもたびたびだったため、職場にいづらくなりがちで仕事を転々としていた。

彼女は自分でも最近、記憶力や注意力が悪くなっていると感じていた。通院先のクリニックの紹介状には次のように記されていた。


「職場での人間関係でストレスがかかり、希死念慮が出現して他の精神科クリニックに初診されました。その5年後、うつ状態のため当院を受診となりました。経過中には、数回短期の軽躁状態が出現しております。

病状の安定しているときでも、業務上ミスが多く、仕事が続きません。現在老人病院に勤務をしていますが、薬の調合でミスが多く、業務の遂行が困難となり現在は休職中です」


赤池さんは、子供のころから落ち着きがなかった。女の子としてはやんちゃで、手のかかる子供だった。妹ともよくけんかをしていた。勝手な行動をしがちで、外出したときに親とはぐれてしまうことが何度かあった。

小学校でも落ち着きがなく、特別支援学級に行くことをすすめられたこともあった。教室の座席ではじっとしていられずに、いつも身体のどこかを動かしていた。このため、一番前の席に座らせられたことを覚えている。

さらに、忘れ物も多かった。学校でもらったプリントを親に渡し忘れることが頻繁で、親からも教師からもよく叱られた。それでも友達は多く、学校は楽しかった。

これまで、仕事上は多少のミスはあったが、問題になることは少なかった。最近になって集中できないのは、自分としては年齢のせいかもしれないし、あるいはうつのためかもしれないと思うが、よくわからなかった。

昔は、人付き合いが得意な方だった。同僚と分け隔てなく付き合えた。だが、集中力がなくなってからは、対人関係もうまくいかないことが多くなった。かっとなりやすく、衝動的に話してしまうことも頻繁になったと述べている。

「情動の不安定さ」をうつ・躁状態と誤って診断

診察室での赤池さんは、陽気でほがらかな女性だった。ただ一方的に話し続ける傾向があるとともに、感情的に不安定で、すぐに涙ぐんだり怒りをあらわにしたりすることもたびたびだった。

赤池さんは小児期から不注意症状と多動症状を示し、成人になってからもこれらが持続していることから、診断的にはＡＤＨＤであることは明らかである。前のクリニックでは、双極性障害（躁うつ病）と診断されていたが、これはＡＤＨＤに特有の「情動の不安定さ」をうつ状態や躁状態と誤って診断したものと思われる。

外来では診断がＡＤＨＤであることを説明し、多剤併用になっていた処方内容を変更し、積極的にＡＤＨＤの治療薬の投与を行った。生活面では規則正しい生活を指示し、十分な睡眠時間をとること、飲酒を控えることを指示した。

赤池さんはこの指示を受け入れて、規則的な生活を遵守した。ＡＤＨＤの治療薬も奏功し、集中力や記憶力の改善もみられた。新たに内科クリニックへの就職も決まり、その後３年余りになるが、仕事上も大きな問題もなく経過している。

彼女は仕事がオーバーワークになるとうつ状態になりかけるが、そういったときには十分な休養と睡眠で乗り切っている。仕事のミスはわずかとなり、元来がほがらかな性格なので、職場の医師や同僚ともよい関係を築くことができている。

上司、同僚、顧客のメッセージが理解できない

発達障害の当事者においては、上司、同僚、顧客のメッセージが理解できないことがしばしばみられ、これが不適応の原因となりやすい。正確に言えば、上司などのメッセージを「聞いていない、あるいは聞こうとしていない」か、あるいは「いったん聞いてもそれが定着しない」場合が大部分である。

坂口至さんが発達障害の専門外来を受診したのは、彼が40代のときで、現在から10年以上前のことになる。坂口さんは中央省庁の外郭団体の職員である。都内の有名私大を卒業後、現在まで数年ごとに異動をしながら、経理関係の部署で勤務を続けてきた。

坂口さんは子供のころから人付き合いが苦手で、一人でいることが好きだった。小学校時代は成績がよいとは言えず、いじめに遭うこともみられた。その後の学生時代を通じてはっきりと不適応となったことはなかったが、繰り返し物事を確認する傾向が強かった。

「先輩の靴下が臭いから嫌です」

就職してからも、親しい友人はできなかった。先輩から家に飲みに来ないかと誘われたと

きには、「先輩の靴下が臭いから嫌です」と答えてしまい、嫌な顔をされたという。坂口さんはこの数年、仕事を負担に感じることが多くなった。自分に与えられた仕事の内容についていけず、なかなか覚えられないために、気分の落ち込みを頻繁に感じるようになった。

本人は自分の特性について「混乱しやすい、パニックになりやすい」「全体がみえない、いつも追われている感じ」「曖昧さを好まない、言葉を文字どおりに受け取ってしまう」と述べている。

精神的な不調を感じた坂口さんは近隣の精神科を受診し、「適応障害」と診断されて休職の扱いとなった。その後、彼はリワークのプログラムに参加していたが、自ら希望して発達障害の専門外来を受診した。

受診時の坂口さんは、一見して人あたりはいいものの、どこか落ち着きのない様子だった。話を理解していないわけではないものの、きちんと聞いて受け答えをしているわけでもなく、自分の話を一方的にする傾向が強かった。

坂口さんは既婚者で2人の子供がいたが、金銭管理が苦手で収入以上に浪費する傾向が強かった。最近では不動産投資に興味を持ち、セミナーへの参加費や関連した書籍の購入がかさんでいた。

坂口さんの診断については、小児期より現在に至るまで孤立傾向が強く、対人関係、コミュニケーションに問題がみられていること、自分の行動パターンへのこだわりが強いことから、ASDであると考えられた。

坂口さんは間もなく復職し、周囲の協力もあって仕事を継続しているが、仕事上の問題は継続している。本人は復帰してからの様子について、次のように述べている。

- 仕事では定型的な作業は把握できた。イレギュラーな処理が課題。
- 電話対応、窓口対応について通常のものはこなせているが、裁量を伴う対応には自信がない。
- カードの明細がきて今月16万円使ったことが妻に明らかになり、いくら言ってもわからないと怒られた。妻がパソコンをインターネットにつながらないようにしたので、これには怒った。
- やることについて：「前歯歯肉磨き、鼻洗浄、90秒足乗り、金魚運動、マッサージチェア、アポロ、青汁、肩運動、目の運動、足もみ」。
- どうして仕事に慣れないのか、自動化できないのか、一つひとつ確認しないといけないのか、手順などをすぐ忘れてしまうのか。特に社会人になってから、生きづらさを常に感じていた。

- 所長から呼び出しがあった。全員で取り組む対人折衝を伴う業務には、負担を考慮した結果、参加させないが、劣等感を感じる必要はないと話があった。人事評価もBとなっていて、前回のCより高い評価となった。
- 仕事についていまだに全体像がつかめていない。次にやるべきことがわからない。調べながら処理をしているため、時間をかけすぎていると周りの人は思っているかもしれない。

坂口さんの状態は次第に安定し、職場での適応も改善してきたが、なかなか通常の勤務にもどる自信は持てなかった。そのため、勤務体制については、時間外勤務、休日勤務などを免除した形を継続した。

年次が上がるにつれて仕事が困難に

坂口さんは4年制大学を卒業後、公務員試験にも合格したことがあり、知的能力は決して低くはない人である。一方で、生来コミュニケーションや対人関係が苦手で、社会的にも、個人的にも孤立した状態が続いていたが、それが問題であるという認識はなかった。また前述したように、場の空気が読めない発言がしばしばみられた。最近のことであるが、職場の上司の問題点を新人の職員に事細かに話してしまい、怪訝《けげん》な顔をされたことがあった。

会社で経理関係の仕事を行うこと自体は、彼にとっては難しい業務ではなかったが、年次が上がるにつれて、型通りの仕事ですまないことが多くなった。窓口や電話における顧客とのやり取りには、臨機応変な対応を必要としたし、周囲と相談しながら進めなければいけない案件も増えてきた。家族からは孤立し、自分の考えを押しつけようとするため、子供が成長するにつれて、口論が絶えなくなった。

このような状況が続いた結果、坂口さんはうつ状態となり、休職しなければならなくなったのであった。復職してからの坂口さんは職場の配慮もあり、大きな問題はなく経過している。とはいうもののＡＳＤの特性により、現在の職場でさらに活躍することは難しいようであるし、何度も指摘はしたものの、家庭では子供の行動に口を出し、何度もトラブルを繰り返している。

高学歴の看護師のケース

松田美代子さんは、国立大学の保健医療学部看護学科卒という高学歴の看護師である。彼女は大学卒業後に、地元の市民病院に就職したが、うまく適応できなかった。

幼児期、松田さんには言葉の遅れがあり、３歳ごろまではオウム返しにしか話ができなかった。このため家族が保健所に相談に行ったこともあった。子供のころから人付き合いは苦手で、友人は少なかった。また音に過敏なところがみられた。

小学校のときから、周囲からからかわれることが多くなった。合わない担任の教師からは、体型のことで嫌味を言われた。廊下でクラスメートからいじられたため、大声で反撃したところ「お前の方が悪い」と自分だけ校長から怒られたこともあった。

中学になると、さらにはっきりしたいじめの被害に遭った。周囲からは無視されることが多く、自分のしていることを横取りされたこともあった。他のクラスメートが楽しそうにしているのをみると、理由なく怒りがわいてきた。殴りつけて殺したいとも感じたという。そうした感情を自分なりに抑えていたが、からかってきたクラスメートをパイプ椅子で殴ったこともあった。

中学での成績は上位で、地元の進学校の高校に入学した。高校では友人はほとんどできなかったが、自分でもトラブルを起こさないように注意をしていた。大学時代には周期的にふさぎ込むようになり、大学の保健センターに相談に通いながら、なんとか卒業することができた。

病院に就職してからも、なかなか意欲がわかなかった。自分で勉強をしたり、調べたりすることが億劫《おっくう》だった。そうした中で、不注意によって、患者の転倒や誤薬、点滴の管理ミスなどのインシデントを繰り返し起こした。このため松田さんは気持ちが落ち込み、死んでしまいたいと思うことに加えて、職場で入院中の患者に対しても死んでしまえばいいのに、と否定的な気持ちを抱くようになった。

辛そうな患者にまったく気がつかない

彼女は近所の精神科クリニックを受診し、うつ病と診断されて抗うつ薬を処方されたが効果はなく、受診時に自分の心臓をナイフで突き刺したい、と訴えることもあった。

この時期、職場では次のようなことが指摘されている。患者の受診相談を担当したとき、マニュアルに沿って最初から最後まで一方的に話し、相当な時間をかけて説明していたが、患者が辛《つら》そうにしていることにまったく気がつかなかった、などである。

また松田さんは、臨機応変の対応が苦手だった。乳幼児健診の際に、本人が想定していない相談がきたときに言葉を発することができずに、表情がこわばって沈黙が続くことが何度かあった。

相談者からの言い回しがマニュアル通りでないと、まったく対応できないこともみられ、さらに松田さんの口調の強さや断定的なもの言いについて、クレームがくることもあった。

彼女は曖昧な表現が苦手で、「仕事の様子をみながら、別の業務にもあたってください」などと指示されてもほとんど対応できず、一つの仕事を終えるまで次の仕事に移ることができなかった。

曖昧な表現が理解できない

このような職場における問題点は、松田さんのＡＳＤの特徴を反映したものと考えられる。「言葉のニュアンスがわからない」「ノンバーバルなコミュニケーションが苦手」「曖昧な表現が理解できない」などはＡＳＤにおける特性として広く指摘されているものであり、こうした問題によって松田さんは職場になかなか適応することが難しかったのだった。

松田さんはこの病院を半年余りで退職した。その後、別の医療機関への転職を繰り返した。どの職場でも定型的な業務はしっかりとこなせるが、やはり臨機応変の対応ができないことが目立った。特に患者が高齢者で指示通りの行動をしないときなどは、どうしていいかわからなくなってしまい、その場でフリーズしたり、過呼吸の発作が出現したりもした。時には理不尽な怒りを患者に向けてしまい、激高《げきこう》してしまうこともあった。

松田さんは抗不安薬の服用によって、一時的に精神的には安定したが、長期的に仕事を継続するためには、自らのＡＳＤの特徴の自覚と苦手な状況にどのように対応したらよいか、準備をすることが必要である。しかしながら自らの特性、問題に向き合うことは簡単なことではなく、現在は医療の現場からは離れて、一般事務の仕事についている。これは比較的単純作業が多いので、大きな問題は生じていない。

遅刻、納期破り

仕事のうえで遅刻や約束の期限が守れないことは、発達障害においては一般の人以上によくみられる問題である。不動産会社に勤務している阿部敏行さんが発達障害の専門外来を受診したのは、40代になってからで、妻からのすすめによるものだった。受診時、阿部さんは、以下の点が問題だと述べた。

- 主に家庭内で、うっかりミスで物を壊す。
- 言いつけられた家事を誤って行う。
- 物忘れがひどい。
- 家事育児をうまくこなすことができず、叱責されることが多い。

このように本人の訴えは、不注意に関するものが多く、症状的にはＡＤＨＤに一致すると思われたので、小児期からの経過の確認を行った。

幼児期には言葉の遅れがあり、始語は２、３歳で独特の言い回しがあった。一人遊びが好きで、就学前に友人はほとんどできなかった。積み木やビンなどをきれいに並べて喜んでいた。

幼稚園の先生のすすめで、地域の療育センターに相談に行ったところ、「発達障害」と言われて、しばらく通所を継続した。落ち着きがなく、目を離すと勝手な行動をする傾向があり、家族と行動をしているとき、一人で電車に乗っていなくなってしまったこともみられた。裸足のまま、さっさと出ていくこともあった。叱られると、自分で自分を叩いていた。

小学校に入学後も友達は少数だったが、重大な不適応はみられなかった。片付けが苦手で、忘れ物が多かった。学校ではおとなしく成績は優秀だったので、教師から注意を受けることは少なかった。

家では特定の事柄に興味が偏る傾向がみられた。ウルトラマンの図鑑に熱中し細かく暗記していたり、プロ野球の試合の結果や選手のデータについてよく覚えていたりもした。

中学、高校は大きな問題はなく経過した。友人関係は希薄であったが、成績は優秀で、先生やクラスメートと大きなトラブルはなかった。ある有名私大を卒業後、阿部さんは大手の不動産会社に就職した。

会社で業務を行うこと自体に大きな問題はなかったが、ケアレスミスが多く、マルチタスクが苦手だった。家でも細かい失敗が多く、片付けが苦手だった。不注意で子供にけがをさせたこともあった。

対人関係では大きなトラブルはなかったが、逆に家族以外に親しくしている人は職場でもプライベートでもいなかった。人の目をみて話すことができず、言外の意味がくみ取れないことが多かった。

ＡＳＤが中心的な症状

以上のように阿部さんは、ＡＳＤとＡＤＨＤの両方の特徴を持っているが、対人関係における不得手さや常同的な行動パターンは継続してみられていて、ＡＳＤが中心的な症状であると考えられた。ただし現在の主な症状は不注意が中心であるため、少量のＡＤＨＤの治療薬を投与したところ、仕事のパフォーマンスの改善がみられている。

阿部さんがＡＳＤとしては社会適応が比較的良好であったのは、元来の知的な能力が高かったことに加えて、本人が自分の特性をよく理解して行動することが可能だったことによると考えられる。

第2章

ADHDをめぐる誤解——職場でどう接するか

最小でも成人の2~3%はADHD

本章ではADHDでみられる仕事における問題点について、さらに問題が起きたときの対応方法について、その概略を述べていきたい。

本文に進む前に、いくつかの点について確認をしておこうと思う。

第一に、この章のテーマであるADHDの認知度は、いまだに低いという点である。ADHDはまれなものではない。有病率については、最小でも成人の2~3%はADHDと診断されるし、人口の5%以上というデータもみられる。米国の思春期を対象とした調査では、この年代の10%以上がADHDの治療薬を服用しているという報告も存在している。

しかし、こういった事実は、特に日本においては一般には知られていないし、医療関係者にも浸透していない。この点は、以下に述べる「ASDへの診断のバイアス」が原因の一つとなっているが、今後ADHDについて一般の理解がさらに深まることが求められている。

さらにADHDの持つ多様さが、理解を困難にしている側面もある。ADHDの特性を持つ企業家や芸術家の存在が「成功者」として知られている一方、仕事が続かずに職を転々とした結果、引きこもりに至るケースも少なくない。私の診療経験においても、ADHDを持つ人でかなりの成功を収めている人は少なからずみられる。こういった人たちの共通点としては相当な努力家であることに加えて、「過剰集中」的な仕事の仕方を行っている点が挙げられる。

専門性の高い職業が向いている

次に認識してほしい点は、成人期におけるＡＤＨＤの症状や生活の困難さは多様であるが、短所においても長所においても、共通点が多いことである。ＡＤＨＤの社会人の「主訴」（困っていること）は、一致していることが多く、「仕事におけるケアレスミスが多い、上司の指示が抜けてしまう、マルチタスクが苦手」などといった内容が多い。

一方で、ＡＤＨＤによる「強み」も存在している。一般にＡＤＨＤの人が向いている職業は、比較的専門性の高いものである。美術家、イラストレーター、プログラマーなどの仕事で成功している人は多いし、医師や弁護士にもＡＤＨＤの人は少なくない。

この点は、前述したＡＤＨＤの人の特徴である「興味のある分野に過剰に集中することができる」という特性と関連していると考えられる。けれども現実には、自分の興味のあることを仕事にできている人やそういう環境を与えられている「幸運な」人は、必ずしも多いとは言えないだろう。

社会の中で生活していくためには、自分に不向きで、嫌で辛い仕事であってもそれに対応していく方策が必要であり、そのような点についても述べていきたい。

ASDへのバイアス

ＡＤＨＤと仕事の問題について述べる前に、ＡＤＨＤとＡＳＤの関係について、確認をしておきたい。

ＡＤＨＤを含めた発達障害は、過去においては小児期、あるいは思春期の問題ととらえられていたが、最近になって、発達障害の特性は生涯にわたって持続することが明らかとなり、成人期における発達障害への支援の必要性が幅広く認識されてきている。

しかしながら現在のところ、彼らに対する行政的、福祉的な支援システムは十分ではなく、学校においても、仕事の現場においても、正しい知識が行きわたっていないことが少なくない。

そのような中で、わが国では成人期の発達障害に対する支援は、アスペルガー症候群をはじめとするＡＳＤ（自閉症スペクトラム障害）に対する対応に焦点があてられてきた。「空気が読めない」「人の気持ちが理解できない」といったＡＳＤの特徴が強調されて述べられることが多く、いまだに発達障害といえばＡＳＤのこのような特徴を思い浮かべる人が多いようである。

最近になり、ＡＤＨＤに対する支援の必要性も認識され始めたが、一般的にも、あるいは医療現場における理解も不十分なのが現状である。

「発達障害の診療＝自閉症」という伝統の悪影響

さらに、いまだに日本では、診断面においても治療面においても、あるいは医師においても、コメディカル（医師と一緒に医療業務に携わる従事者）においても、ＡＳＤに対する強いバイアスが存在しており、今でもその影響は大きい。ＡＤＨＤはないがしろにされ、無視されてきた歴史を持っている。明らかなＡＤＨＤが見逃され、ＡＳＤと診断されていることが、現在でも少なくない。

かつての児童精神科や小児科においては、ＡＳＤの中心的な疾患である自閉症とその関連疾患を主な診療の対象としてきた。というのは、小児期における発達障害の中で、知的障害を伴う自閉症は最も重症であり、治療や対応が難しいものであったからである。

教育の現場においても同様で、そこでも最も注目されてきたのは自閉症であり、自閉症に対しては、ＴＥＡＣＨ（Treatment and Education of Autistic and related Communication-handicapped CHildren）など様々な教育や支援のプログラムが開発され実施されてきた歴史がある。

私が以前に勤務をしていた東大病院の精神科では、「小児部」という独立した部門が設けられていた。そこでは小児の発達障害の治療と養育を行っていたが、主な治療の対象は、やはり自閉症だった。

他の児童精神科の診療機関においても状況は同様であり、発達障害の診療といえば自閉症が中心であった。都立梅ヶ丘病院など公立の小児精神科病院においても、知的障害を伴う自閉症の長期入院例が数多くみられていた。

このような「伝統」が存在していたこともあり、成人期においても注目された発達障害はやはり自閉症圏の疾患で、その中で最も軽症のタイプであるアスペルガー症候群（アスペルガー障害）だった。

わが国で成人期の発達障害が注目を集めたのは、このアスペルガー症候群という病名が一般に知られるようになったことがきっかけである。これは、２０００年代の初めのことになる。

当初は、私たち昭和大学の精神科においても、ＡＳＤを診療の中心にしていたが、実際は受診者においてＡＤＨＤの人が非常に多いこと、他の施設でアスペルガー症候群などＡＳＤと診断されているケースにおいても、実はＡＤＨＤであることが頻繁にみられることがわかってきた。

そこでＡＤＨＤに対する治療、社会復帰の支援として２０１３年にＡＤＨＤ専門外来を開設し、さらにデイケアでＡＤＨＤ専門プログラムを開始した。この専門プログラムでは、成人のＡＤＨＤを対象に、薬物療法と心理社会的支援を組み合わせたバランスのとれた支援を提供することを目指している（具体的な内容は後述する）。この病院の診療方針の変更は当事者および社会的なニーズに合致するものであり、大きな評価を頂いている。

このように、繰り返しになるがＡＤＨＤに対する理解はまだまだ十分ではない現状を認識しておくことは重要である。

ＡＤＨＤとは？

ＡＤＨＤは、「多動・衝動性」と「不注意」を主な症状とする疾患である。小児においても、成人でも、落ち着きのなさと注意・集中力の障害がよくみられる。多動の症状についてては成人での頻度は少なく、むしろ、衝動性が問題になることが多い。

不注意の症状についてよくみられるものを以下に示す。

- 注意、集中が続かず、ケアレスミスが多い
- 物をなくしたり、置き忘れたりする
- 片付けが苦手
- 段取りが下手で、先延ばしにする
- 指示などをすぐに忘れる
- 約束を守れない

また、多動・衝動性で頻度の高い症状は、以下の通りである。

- 落ち着きがない、そわそわする
- 一方的なおしゃべりや不用意な発言

・感情が高ぶりやすく、いらいらしやすい
・衝動買いをし、金銭管理が苦手

一般的には、ＡＤＨＤと聞くと、「多動」を思い浮かべることが多いようである。「授業中に席でじっとしていられず教室を走り回っている」というイメージが典型的なものである。しかし実際は、そこまで多動が目立つケースは、小学生でも比較的まれである。「いつも体をもじもじ動かしている、貧乏ゆすりが多い、椅子をガタンガタンさせている」といった程度の「多動」が一般的である。

また成人においては、多動の症状については自分でコントロールしようとするので、明らかな多動の症状はみられないことが多いが、貧乏ゆすりやいつもキョロキョロして落ち着かない様子が多動の名残としてみられることがある。

不注意症状の中で、「集中が難しい」ということはよくみられるが、ＡＤＨＤの人はまったく集中ができないというわけではなく、自分が興味を持った特定の対象に対しては、過剰に集中しすぎることがあり、これは「過剰集中」と呼ばれている。

ＡＤＨＤの症状の変化

ＡＤＨＤにおいて、小児期の症状は成長とともに変化することが多い。思春期から青年期にかけては、ＡＤＨＤの症状は学業上の問題としても表れやすい。ＡＤＨＤの生徒は、教師から好意的に扱われることもあるが、どちらかというと「だらしない、不真面目である」と否定的にとらえられることが多く、これは本人の不適応を助長し、不登校、中退、退学、留年などにつながりやすい。

こうした事態には、「時間を守れず、遅刻が多い」「提出物を出すのをしばしば忘れる」「興味のないことには集中が持続しない」といったＡＤＨＤの特性も関連している。

成人においては、対人関係において、衝動性が問題となることが多い。ＡＤＨＤの当事者は「つい言わずもがなのことを口にしてしまう」「余計な一言が多い」ことがみられ、それが人間関係を悪くしやすい。悪気はないにもかかわらず思ったまま相手の気にしている点を指摘してしまうことにより、会社の先輩、上司などの機嫌を損ねてしまうことが起こる。

さらに衝動性が原因で、様々な問題行動が生じることもみられている。ＡＤＨＤの当事者は、アルコール、薬物、ギャンブルにのめり込む頻度が高いことが知られているし、女性の場合は、買い物依存や過食症などが、自分の衝動をコントロールできないことが原因で起こりやすい。民間企業に勤務するある女性の研究者は、手当たり次第に洋服を買うことをやめられず、いつも支出が収入を上回っていたが、超過分は夫が補塡《ほてん》していた。

ＡＤＨＤの原因に関する誤解

ＡＤＨＤは出現頻度が高いにもかかわらず、長く見逃され、あるいは誤解されてきた疾患である。ＡＤＨＤはＡＳＤと並ぶ主要な発達障害であるとともに、ＡＤＨＤの有病率は高く、成人における時点での有病率はすべての精神疾患の中で最も高いものの一つである。けれどもこれまでの精神医学の分野においては、ＡＤＨＤが臨床上で重要な疾患として取り上げられることは多くはなかった。高い有病率にもかかわらずＡＤＨＤが注目されなかった原因としては、次の点が考えられる。

まず、ＡＤＨＤの病因に関する誤解が挙げられる。20世紀の初頭より、ＡＤＨＤは軽度の脳損傷の結果生じる器質的な疾患であるとみなされてきた。このため、原因は明らかで、比較的「単純」な疾患であると考えられてきた。

さらにその後、「微細脳機能障害（ＭＢＤ）」という概念が提唱され、１９６０年代ごろからはＡＤＨＤはこの疾患（症候群）の一部と考えられていた。ＭＢＤにおいては、出産時における脳へのダメージや小児期の脳炎など脳の器質的疾患の後遺症によって、ＡＤＨＤ症状に相当する臨床症状が出現すると想定されていた。

けれども、１９８０年代ごろより、ＡＤＨＤの「微細脳機能障害仮説」は誤りであることが明らかにされてきた。大部分のＡＤＨＤにおいて、想定されていた「脳の損傷」は発見されなかったのである（ただし交通事故などの後遺症によって、二次的にＡＤＨＤ症状を示す例は存在している）。

この仮説に替わって、ＡＤＨＤの病因としてノルアドレナリンなど脳内神経伝達物質の機能障害がみられるという考えが提唱されている。これについては今後、詳細な検証が必要である。

また最近になり、異なる疾患と考えられていたＡＤＨＤとＡＳＤが、数多く共通点を持っていることが認識されるようになってきた。ＡＤＨＤに対する考え方は大きな変更が加えられつつあるのが現状である。

児童期から学生時代までは重大なトラブルなし

ＡＤＨＤは生まれながらに持っている特性であり、その症状は３～４歳から顕在化することが多い。ＡＤＨＤの乳幼児は敏感で、環境の変化によって不安定になりやすい。夜泣きが多く、育てるのに苦労したという話も多い。

学童期においては、些細《ささい》なことでも混乱しやすい。感情的に不安定となりやすく、怒りを爆発させるといった衝動性がみられる。友達とのけんかも多い。さらに不注意症状によって大切な物を落としたり、忘れ物をしたりすることが頻繁である。

けれども総じてみると、多くのＡＤＨＤの人は、児童期から学生時代までは重大なトラブルを生じずに経過することが多い。多少の症状がみられても、それを周囲の配慮や本人の能力や努力でカバー可能なのである。

もっとも、生活のリズムが不規則になりがちなＡＤＨＤの人は、思春期になると、学校へ遅刻することを繰り返し、休みがちになるケースもみられる。

また一部のケースにおいては、同じく思春期ごろから、対人関係が悪化してくることがある。一般にＡＤＨＤの人は人あたりがよく、集団への仲間入りはスムーズなことが多い。けれども対人関係において一方的な発言を続けたり、あるいは細かいミスを重ねたりする中で周囲との関係を悪化させ、本人も自信を失うという事態に至ることも起こっている。

いずれにしろ学生時代が終わり就職すると、本人を取り巻く事情は一変する。会社によっては、新入社員であっても、かなりのノルマを課せられる。学生時代までのように、やるべきことを先送りにしたり、周囲の人に頼ったりすることは許されない状況となる。

仕事の中で、ＡＤＨＤの人は同じ間違いを二度、三度と繰り返すことが多い。また上司などからの指示をきちんと聞けていないことがよく起こる。本人は真剣に聞いているつもりでも、集中力が十分ではないため、重要な点が頭に入っていないことも多く、周囲からは真面目に仕事に取り組んでいないとみられやすい。

また、彼らはマルチタスク的な状況が苦手である。多くの事務作業においては、同時並行でいくつかの処理をしなければならないことが多いが、ＡＤＨＤの当事者はこのような状況をうまく処理できずに、混乱してパニック状態となり、目の前の業務も新たな指示もこなせなくなりやすい。

うつ病などの合併

かつてはＡＤＨＤの大部分の経過は良好で、様々な症状は成人になるまでに自然に改善していくものとみなされていた。しかし最近の報告では、小児期にみられたＡＤＨＤはかなりの割合で成人後においても症状が持続すること、うつ病、双極性障害（躁うつ病）、不安障害など他の精神疾患が合併するケースが多いことが明らかになっている。

他にも、ＡＤＨＤには様々な精神疾患が高率で合併する。ＡＤＨＤに他の精神疾患が合併した場合、ＡＤＨＤ自体は注目されずに、あるいは見逃されて、併存する精神疾患への対応が中心となりやすい。

こうした併存疾患の多くは、純粋に二つの疾患が発症しているケースよりも、ＡＤＨＤがトリガーとなり二次的に生じているものが大部分である。

ＡＤＨＤでは、「うつ状態」を主訴として、精神科や心療内科を受診することが頻繁である。けれども、このようなケースでは、ＡＤＨＤの特性を把握しないで治療を行うと、十分な改善を得られないことになりやすい。仕事などの失敗をきっかけとして、ＡＤＨＤにうつ状態が併発することはよくみられるので、注意が必要である。

また、ＡＤＨＤにみられる「気分変動」を双極性障害の症状とみなしてしまう間違いも多いようである。このような場合、気分安定薬と呼ばれるタイプの薬剤が慢然と投与され、あまり効果がみられない例が多い。

プログラマーの男性のケース

坂上英之さんは、プログラマーとして長年にわたってソフトウェアを制作する仕事をしてきた。もともと大手の総合家電メーカーに勤務していたが、10年ほど前に退職し、それからはフリーの立場で、元の会社からの仕事を請け負っている。

最近になって思い返してみると、幼児期より苦手なことがいろいろとみられた。例えば、人の名前を覚えるのが難しかったし、不器用で運動が下手だった。特に球技がダメで、体育の授業のとき、自分のところに飛んできたボールが取れないことがよくあって、周囲から笑われたことを覚えている。

小学校のときに落ち着きがなく、席につかずにうろうろしていたため、職員室に呼び出されたことがあった。いつも不注意で、忘れ物やなくし物も多かった。ただ当時は、対人関係に苦労することはなく友達は多かった。

就職して10年余り、30歳過ぎより、気分の落ち込みが強く、会社に出勤できないことがたびたびみられた。就職した当初は大きな問題なく仕事をこなしていたが、年次が上がるにつれて確実な成果を求められるなど、仕事のストレスが強くなっていたことがきっかけだった。

この時期、近隣からの騒音で不眠となり、日中も不安感が強くなった。このときは精神科を受診し、「うつ病、適応障害」と診断された。投薬を受けて1年余り休職することになった。

その後、坂上さんはある程度は回復して復職したものの、仕事のパフォーマンスが十分でないことにより上司との関係が悪化してしまい、不安感、焦燥感が強くなって再び出社ができない状態となったために会社を退職した。

うつ状態の背後にあるADHDを見抜く

その後は、元の会社の知人に依頼して、プログラミングの仕事を請け負うようになった。だが、精神的にはなかなか安定しなかった。きっかけもなく不安感、焦燥感が強くなることがみられ、人とのかかわりを避けるようになった。電車で人と会うのも嫌になった時期もあり、混んだ時間を避けるようになった。

退職後、坂上さんは精神科への通院は中断していたが、勘違いや物忘れが多くなったため、自ら発達障害かもしれないと思い、専門外来を受診するに至った。この時期には精神的に不安定になることも多く、思いつめて自殺することも考えるようになり、電車に飛び込んでしまおうと思ったり、ネットで自殺サイトを調べたりしたこともみられた。

専門外来では、小児期の多動症状に加えて小児期から現在に至るまで、不注意症状が継続してみられることにより、ＡＤＨＤと診断された。坂上さんは人付き合いが苦手で対人関係の障害もみられていたが、これは生来のものというよりも、ＡＤＨＤによる不適応の結果生じた二次的な症状と考えられた。

会社に在籍していた時期、坂上さんは仕事そのものの能力は平均以上のものがあったが、ＡＤＨＤの特性もあり、要領よく業務をこなしたり、優先順位をつけて作業をしたりすることがうまくできないことがあった。

またケアレスミスは明らかに多く、集中が続かずに、上司からの指示が頭から抜けてしまうこともたびたびだった。さらに現在に至るまで生活のリズムも乱れがちで、なかなか夜更かしの癖は直せなかった。

年次が上がるにつれて周囲から求められることが多くなっても、初歩的なミスや抜けが相変わらずみられたため、周囲の同僚からはどこか抜けていて変わった人とみられるようになり、孤立することとなった。上司から何度注意されても、同じようなミスを繰り返すために、叱責の対象となることが多くなった。

以前の投薬は抗うつ薬が中心だったが、専門外来ではＡＤＨＤ治療薬を中心にすることにより、うつ状態は改善し、作業の効率も上昇するようになってきている。ケアレスミスや指示の取り間違いなども、明らかに減少した。また精神的に不安定になる頻度も減ってきた。フリーの立場は続いているので生活のリズムの改善には至っていないが、この数年思いつめるようなこともなく仕事は順調にこなせている。これは、うつ状態の背後に存在しているＡＤＨＤを見抜き、治療の対象とすることにより、症状の改善と良好な社会適応につながったケースである。

美大卒のデザイナーのケース

津島慶子さんは30代後半の女性で、関西の美術大学を卒業してから、ＣＧの制作会社に約10年間勤務をしていた。会社での仕事ぶりに問題はなかったものの、遅刻が頻繁にみられるなど時間にルーズな面が続いたため、自ら退職してその後はフリーのグラフィックデザイナーとして働いている。

発達障害の専門外来を受診したとき、津島さんの希望は「発達障害の特性に、自分の特性がよく似ている。専門の病院で検査や診断をして、生活に役立てたい」「自分の特性が何なのか、どうすべきなのか知りたい」というものだった。

また受診したときに困っていることとして、「忘れ物、時間が守れない、予定を忘れる」「友人との会話やコミュニケーションがうまくいかない」点を挙げていた。

子供時代に発育の遅れはなかったが、周囲の子供とはどこか変わっていた。偏食がみられ、幼稚園では給食を食べなかった。絵が好きでいつまでも描き続け、家の壁にも絵を描いたことがあった。

小学校時代、友人はいたが、思ったことをすぐに口に出すため、相手を怒らせてしまうことがたびたびみられた。忘れ物はクラスで一番多く、物をなくすことも多かった。授業中に落ち着かず勉強には集中できないことがたびたびだったが、絵を描くことにはよく熱中していた。

当時の通知表には、「忘れ物をしない方法を考えさせてください」「テストでケアレスミスが多い」などの記載がある。あまりに忘れ物が多いため、母が担任に呼び出されたこともあった。

中学、高校時代、友達はすぐにできたが、やはり言いすぎてしまう傾向が強く、相手に不快な思いをさせてしまいグループから除外されてしまうことが何度かあった。

授業中に落ち着きのないことは相変わらずで、おしゃべりをして注意されることもよくみられたが、成績は上位で生徒会の役員をしたこともあった。忘れ物やなくし物は変わらずに多かった。

希望であった美大に入学し、ここでは似た気質の学生が多く、楽しく過ごすことができた。ただ飲食店でアルバイトをしたときには、ケアレスミスが多かったり、優先順位がわからなくなったりで、失敗を繰り返していた。

社会的には安定した適応を示す

就職した会社でグラフィックデザイナーとしての仕事に問題はなかったが、書類仕事ではミスが多く、また自分自身も型にはまった仕事のスタイルが嫌になり、会社は退職している。退職後もＣＧの仕事は以前と同様に続けていたが、仕事に熱中すると寝食を忘れて取り組む傾向があり、生活のリズムが乱れていることが多かった。

津島さんの場合、小児期から現在まで不注意症状と衝動性が継続してみられ、診断的にはＡＤＨＤに該当する。興味のないことにはあまり集中できないが、特定のことには過剰に集中する傾向がみられるのはＡＤＨＤの特徴であり、津島さんの場合は、それが絵を描くことだった。

また言いすぎたり、一言多かったりする傾向は、ＡＤＨＤでみられる衝動性の表れである。他のＡＤＨＤの当事者でも、この特性によって対人関係で失敗することがまれではない。津島さんは、夫からは、「お前は社会性がない」といつも指摘されていた。

一方で、知能検査のＷＡＩＳでは、ＩＱ（知能指数）は１２１と高い値で、不注意症状によって問題が生じた場合でも、この生来の知能の高さによって、自分なりに考えて対応策を取ることができたものと考えられる。

本人にＡＤＨＤという診断とその特徴を話したところ、「自分もそう言われて納得した、これまでの問題の多くがＡＤＨＤによるものと知って安心した」と述べている。また現在のところ、仕事も個人生活も重大な問題は生じていないことから投薬は行わず、烏山病院のＡＤＨＤグループに参加してもらい経過をみている。

この津島さんのように、症状的には典型的なＡＤＨＤであっても、社会的には安定した適応を示す人は少なくない。こうした人の背景には、生来の「頭の良さ」により問題をある程度カバーできているという点とともに、自分に合った職場や生活の環境を選択していることも重要である。

保険会社のOLのケース

30代の会社員である飯塚直子さんは、保険会社に勤務するＯＬである、現在の仕事はもう10年余り続けていて、中堅というべき存在である。友人が発達障害と診断されたが、自分もその友人に似ているところがあると思い、自ら発達障害の専門外来を受診した。

初診時の飯塚さんの訴えは、多岐にわたるものだった。その主なものを以下に示す。

- 初動が遅いと言われる。
- 相手との距離感がわからない。
- 素直すぎる、ちょっと変わっていると言われる。
- 一つ気になると、抑えられなくなる。
- 気に入っている友人に、必要以上にプレゼントを買ってしまう。
- やるべきことがあっても逃げてしまう。
- 持ち物を忘れる。言われたことを忘れる。

・お願いをされると断れない。
・問題をため込む。
・好きなことだとすいすいできる。
・主語抜きで話し始めてしまう。
・自分にしかわからないような表現を使う。
・後回しにする。
・集中力がない。
・初めてのことに恐怖、不安が大きい。
・急な予定の変化に対応できない。

ここで飯塚さんが述べている内容は、対人関係の問題も含まれているが、多くは「不注意、集中力の障害」と「衝動性」に関する問題である。つまり、これらは典型的なＡＤＨＤの症状である。

治療薬の有効性は高率である

実際、彼女に子供のころのことを聞いてみると、小学校のころから不注意で忘れ物が多く、また物事の同時並行処理が苦手だった。そして現在まで、同様の特徴が持続していた。飯塚さんは仕事自体に多少のミスや計画性のなさはあるものの、重大な問題は生じていなかった。だが集中力の改善をしたいという希望があり、ＡＤＨＤの治療薬であるアトモキセチンの投与を開始した。幸い副作用はみられなかったので、十分な量まで漸増することができた。

服薬により頭の中が落ち着いて考えがまとまるようになり、いろいろな面で余裕ができた。しっかり集中もできるようになり、順調に仕事はこなせるようになった。生活面でもほとんど問題はなかった。外来の受診時には、オーバーワークと寝不足にならないように注意を促した。

飯塚さんの場合、明らかな不適応はみられていなかったので必ずしも投薬が必要とは言えなかったが、本人の希望により投薬を開始した。これによって「生活の質、仕事の質」が一定程度、改善したものと考えられる。

ＡＤＨＤの薬物療法については、基本的に当事者本人の希望に沿うことが多い。投薬が望ましい場合でも、本人が希望しない場合は積極的に薬物療法を促すことはしていない。逆に飯塚さんのケースのように、必要性の高くない場合でも、本人が希望すれば投薬を行っている。全般的に、ＡＤＨＤ治療薬の有効性は高率である。

いじめ、虐待と発達障害――「愛着障害」をめぐって

小児期のいじめや虐待によって、ＡＳＤやＡＤＨＤが発症することはない。しかし、ＡＳＤやＡＤＨＤの特性を持つ子供は、いじめや虐待の対象になりやすく、さらにいじめや虐待により精神的な症状が悪化してしまうために、注意が必要である。

以前より、虐待された子供に多動や衝動性の亢進《こうしん》、対人反応の低下や集団への適応の困難といった、ＡＤＨＤやＡＳＤに類似した症状がみられることが指摘されており、このような症状は「愛着障害」と総称されているが、発達障害との鑑別や重なりについて、慎重に見極める必要がある。

愛着障害は、生まれつきのものではない。生後の比較的早期に、母親などの療育者との関係において、虐待などの重大な問題がみられたことによって、出現するものである。

愛着障害は、ＤＳＭ-５の診断基準では、「反応性愛着障害」と「脱抑制型対人交流障害」の二種類として定義されている。

前者はＡＳＤに類似し、「滅多にまたは最小限にしか、安楽、支え、保護、愛情を込めた養育のためのアタッチメントを進んで求めることがない」ものと定義されている。後者はＡＤＨＤに似ており、「ほとんど初対面の人への文化的に不適切で過度のなれなれしさを含む行動の様式である」と定義されている。

つまり、愛着障害によって感情の表出や対人的相互反応が乏しくなり、集団になじめなかったり、あるいは、著しくなれなれしく衝動的になったり、いさかいを起こしやすくなったりすることがあり、一見したところ、ＡＳＤやＡＤＨＤと類似した症状がみられる。

ＡＳＤ、ＡＤＨＤと愛着障害は、症状面からは類似性が大きく鑑別が難しいことがある。またＡＳＤ、ＡＤＨＤの特性を持つ子供は、虐待の対象となるリスクが高いため、発達障害と愛着障害が同時に存在することもみられるので、注意が必要である。

虐待やいじめが発達障害の症状や適応困難、問題行動を悪化させてしまうという報告が増えているにもかかわらず、これらの問題は一向に解消されていない。この点については、教育の現場における対応が急がれる。

不登校の女子高生のケース

河合良子さんは高校1年生で、小児期より不注意の症状が目立っていた。小学生のときには忘れ物が多く、たびたび教師から怒られた。物をなくしたり、提出物を出し忘れたりすることがよくあった。

中学生になってからも勉強は苦手だった。勉強をしようと思ってもすぐに飽きてしまい、長続きがしないからだった。片付けもなかなかできなかったが、おとなしい性格だったので、学校で大きな問題となることはなかった。

高校は、以前から興味のあった音楽関係のコースのある学校に進学した。自分としては心機一転がんばるつもりだったが、入学後もだらしない生活態度はこれまでと変わらなかった。

朝起きることができずに遅刻を繰り返したり、いらいらして過食したりすることが頻繁になった。面倒くさいと言っては何日も入浴をせず、そのまま登校しないで家で寝ていることもみられた。

学校の課題であるピアノのレッスンも、思うように続けることができなかった。不安定な気分になると、家の中で興奮して物を放り投げたり、大声を上げたりすることを繰り返した。河合さん本人も自分は他の人とはどこか違うと感じていたため、母親のすすめに従ってある精神科クリニックを受診した。

だが、受診した病院では、診断はよくわからないと言われた。少量の抗うつ薬と抗不安薬が投与されたが、効果はなかった。このため発達障害の専門外来を紹介されて受診した。

専門外来ではＡＤＨＤと診断された。河合さんに対して、メチルフェニデート徐放剤（コンサータ）が投与された。当初、服薬は不規則であったが、きちんと服薬するようになってからは、目立って状態が安定した。それまではよく学校を遅刻したり、はっきりした理由もなく休んだりすることが多かったが、生活が規則正しくなり、休まずに通学できるようになった。コンサータの投与量は27㎎を継続した。

コンサータは不注意などのＡＤＨＤ症状に有効であるが、それに加えて眠気がとれ、日中しっかり起きていられるようになるので、生活リズムを安定させるためにも役立つことが多い。

この結果、河合さんは気分的にも明るく前向きになれ、学校の行事にも熱心に参加することができるようになった。それでもついがんばりすぎてしまい、行事が終わった後などに、疲れて数日休むこともみられている。また多少のミスはあるものの、勉強にも熱心に取り組むようになり、成績も以前より向上した。

高校を卒業後は希望の大学に入学し、音楽関係の勉強を継続した。大学時代は投薬はいったん中止とし、経過をみていた。生活が不規則になることはあったが、厳しい大学ではなかったので無事に卒業できた。

自分の特性にマッチした職場環境を得られるか

しかし就職してからが問題だった。選んだ職場は写真スタジオだった。仕事は楽しかったが、忙しく時間も不規則だった。細かいミスが多くみられた。初めは周囲も大目にみてくれたが、半年余りすると厳しく注意を受けるようになった。

河合さんは、同じ間違いを何度も繰り返した。また単純なケアレスミスも多かった。残業で帰りが遅くなり、睡眠不足のまま職場に行き、眠気が強く不注意によるミスを重ねることとなった。そういった状態が続くため、河合さんは精神科を再び受診し、以前の投薬を再開した。

服薬にある程度の効果はみられたが、仕事のオーバーワークと不規則な生活のため、なかなか十分に安定していないのが現状である。

この河合さんのように、高校時代にいったんメンタルダウンをしても、そこをうまく乗り切れば、不登校や引きこもりとならずに、大学生活や就労も可能となる例は多い。

高校までは生徒への管理が厳しく、ＡＤＨＤなど枠にはまるのが苦手な人は不適応を起こしやすいが、大学は比較的自由に過ごせることが多いので、大きな問題なく通過できることが多いようである。就職においては、自分の特性にうまくマッチした職場環境を得られるかどうか、という点が重要なポイントとなる。河合さんの場合、仕事の内容は適切なものであったが、業務量の多さが問題となり、これからも継続すべきか迷っている。

第3章

ASD（自閉症スペクトラム障害）をめぐって

ＡＳＤとは？

ＡＳＤは、「対人関係の持続的な障害」と「限定され、反復的な行動、興味、活動」を主な症状とする疾患である。ＡＳＤというと、対人関係の障害に焦点があてられることが多いが、特定の物事や行動パターンに強いこだわりを示すことにも注意が必要である。

臨床の現場においても、「対人関係が苦手」で「場の空気の読めない」人をアスペルガー症候群などのＡＳＤと決めつける傾向がみられる。けれども、対人関係の障害のみではＡＳＤと診断はできない。

いずれにしても、対人関係やコミュニケーションが不得手であるため、ＡＳＤの当事者は集団の中で孤立しやすい。このため学校などではいじめに遭うことも多く、極端な例では、生涯にわたって友人と呼べる存在がいたことがないというケースも存在している。

こうしたケースにおける具体的な症状としては、「相手の心情を、表情や言葉のニュアンスから察することが難しい」ことや「場の雰囲気を感じることができない」ことなどが挙げられる。場にそぐわない発言をしてしまうことも多いが、そもそも他人に対しての興味や関心が欠けていたり、他人からどうみられるかについて無関心なことも多い。

また、相手の言葉の言外のニュアンスや表情の変化が理解できないため、会社などにおいても対人関係が悪化して不適応となり、その結果、自閉的な生活や引きこもりにつながることもみられている。

このような特徴を持つＡＳＤではあるが、決められた秩序を重んじ、決められた作業などをしっかり遂行することが多いため、仕事の現場では、対人接触の少ない定型的な繰り返しの多い作業に向いていることが多い。こうした場合でも、急な「変化」には弱いので、配慮が必要である。

大人になっても「マニアック」

ＡＳＤにおけるもう一つの症状は、いわゆる「こだわりの強さ」である。これは自らの興味や行動パターンが限定され、反復する傾向が強いことを意味している。

具体的には、手や指を動かしたり、捻《ね》じ曲げたりするなどの奇妙な動作を繰り返すことや、独特のこだわりによって、特定の事物に強い執着を示す例などが知られている。また数字や左右にこだわるケースもみられる。また自分の行動パターンが常に一定というケースも存在している。

子供の場合では、電車や車などの乗り物に強い興味を示し、飽きることなく何時間もじっとみているという場合もあるし、回転するものに特別な興味を示すこともある。難しい漢字が好きで、漢和辞典を何時間でもみているという子供もいた。

ＡＳＤの人は、大人になっても、いわゆる「マニアック」な行動パターンを示すことが多く、特定のアイドルやスポーツに関するグッズや記事などを際限なく収集するというケースもみられている。

また彼らは、自らの行動パターンにもこだわりが強いことがあり、歩く道順、ものを食べる順序などに、自分なりの「マイルール」を持っていることが特徴として挙げられる。まったく同じ服も10着持っていて、それしか着ないという人もいれば、ものを食べる順番が常に一定というケースも存在している。このように、ＡＳＤの人は自分なりのルールに固執するため、対人関係を含めて、状況に応じた柔軟な対応を苦手としている。

さらに音、光、匂い、皮膚感覚などについて過敏さがみられることも、ＡＳＤの特徴である（ＡＤＨＤでもみられることはある）。これを「感覚過敏」と呼んでいる。一方で、彼らは、数字の記憶やカレンダー計算、パズルなど、一定のルールがある作業は得意とする傾向が指摘されている。さらに映像記憶など、独特で高度な記憶力を持っているケースも存在している。

こうした記憶の良さは、仕事において役立つこともある。しかしその一方で、「忘れたい、嫌な記憶」を頻繁に思い浮かべてしまうフラッシュバックの原因にもなっている。ＡＳＤではいじめに遭う頻度が高いため、大人になってから子供時代のいじめを繰り返して思い出すという経験を持つ例は少なくない。

また古典的な自閉症などＡＳＤの重症例では、言語によるコミュニケーションの障害を認める。ＡＳＤの一部においては、言語の発達の遅れを示すことに加えて、相手の言葉をオウム返しで言う「反響言語」などの言語の使用における質的な異常がみられる。

特定の遺伝子に関連した単一疾患ではない

現在のところ、ＡＳＤの原因は明らかになっていないが、家族内の発症率は高く、遺伝的な要因が大きいことが指摘されている。近親者にＡＳＤがいる人の場合、ＡＳＤの診断基準を満たさない場合でも、コミュニケーションや対人関係になんらかの問題を持っている例が認められることがある。ただし最近の遺伝的研究からは、ＡＳＤは特定の遺伝子に関連した単一疾患ではなく、かなりの異種性を持っていることが明らかになってきている。

長い間、自閉症などＡＳＤの原因は、「親の養育の失敗」「親の愛情不足」とみなされてきたが、現在この点は明確に否定されている。子供に対する親の養育態度が患者の予後や幸福感に影響を与えることは確かであるが、それによってＡＳＤが発症することはない。

典型的な自閉症の症例がドイツ系米国人の児童精神科医レオ・カナーによって発表されたのは、１９４３年のことであった。これが、今日に至るＡＳＤ研究の出発点となっている。

もっとも自閉症に関するカナーの考え方は、現在の概念とはいくつかの面で異なるものだった。カナーは今日の自閉症にあたる例を、「早期幼児自閉症」と命名した。カナーは、自閉症は統合失調症が早期に発症したものと考え、家庭の養育環境などが発症の原因であるとみなした。前述したように、このような考え方は、現在は否定されている。

アスペルガー症候群の出発点

カナーが自閉症について報告した翌年、ウィーンの小児科医であるハンス・アスペルガーによって、カナーの定義による自閉症とは異なり知的な遅れはないが、社会性の障害、奇異な行動様式、不器用さ、優れた記憶力等を持つことなどを特徴とする一群が報告された。

アスペルガーはこの一群を「自閉性精神病質」と呼んだが、これが今日のアスペルガー症候群（アスペルガー障害）の概念の出発点となった。ここで用いられている「精神病質」という用語は、性格の極端な偏りを示すものである。このアスペルガーの概念は、長く忘れられたままであったが、1980年代になって英国のローナ・ウィングが再発見をし、今日に引き継がれている。

ちなみに、アスペルガー症候群（アスペルガー障害）という病名はいったん公式の診断基準で採用された。しかしながら、アスペルガー医師は戦時中にナチスの協力者であったという報告が行われたことにより、現在の診断基準からはこの診断名は消えている。

ASDは生まれながらの疾患で、幼児期から症状が明らかとなることが多い。出現頻度は1000人に5人程度で、男子に多いことが指摘されていたが、最近の研究では1％前後の出現頻度がある、という報告もみられている。

繰り返しになるが、ASDは最も重症で知的障害を伴う自閉症から、言葉の遅れもなく知的にも正常なアスペルガー症候群を含む幅の広い概念である。成人期において治療の対象となっているのは、大部分が知的障害のない軽症のASDである。

生活上の問題——夫を受診させる女性が増えた

ＡＳＤで問題となるのは、多くの場合、仕事の能力的な問題以前に社会適応の不良さである。仕事の能力の高い人においても、周囲と交流することが苦手なために仕事が継続できないことはまれではない。

このような場合、本人がまったく周囲に溶け込もうとしないこともみられる一方で、当事者の周囲の職場の人たちが時には積極的に、あるときはあうんの呼吸で本人を無視したり、必要な情報を与えたりしないといったことも起きている。これはまさに職場におけるいじめである。

ＡＳＤにおいては、本人が自分の特性をなかなか認識できないことや、自分の信念を変えようとしないことが多い。彼らの言動によって、あるいは非常識にみえる振る舞いによって、周囲から浮いた存在となり、「変わっている」とみなされているにもかかわらず、当の本人がそうなった理由を理解していないことは珍しくはない。

学校などにおいて繰り返していじめに遭ってしまう場合には、不適応から不登校となることも珍しくないし、その後の引きこもりの原因にもなっている。もっとも、大学生までは本人の知的能力が平均以上で、大きな問題行動がみられないケースにおいては、単に「大人しい、静かな子供」とみなされていることも珍しくない。

けれども社会人になり、より大きなストレスがかかる状況では「チームプレーができない」「場の空気が読めない」などの問題により適応が不良となって上司などから何度も叱責され、精神状態が不安定になることにつながりやすい。

ＡＳＤの当事者は、職場において「協調性がない」「集団行動が不得手」などの特性のために、業務の遂行が滞ってしまいやすい。彼らはこだわりが強く、自分の思考、行動パターンをなかなか変えようとしないため、指示が守れずに孤立してしまいがちとなる。一部のケースでは、学校や会社などにおける失敗の結果、社会生活自体が困難となり、長期の引きこもりに至るケースもみられている。

また結婚している例では、中年以降において、夫婦関係に問題が生じやすい。最近では「この人はＡＳＤに違いないから、何とかしてください」「診断をつけて治療をしてください」と夫を受診させる女性が増えている。このような場合、長年のコミュニケーションのギャップが原因となっているが、ＡＳＤあるいはＡＤＨＤと診断がつくことも、診断に至らないこともみられている。

ここでは何人か実際の症例を示しながら、ＡＳＤにおける特性と仕事上の問題について説明したい。

元地方テレビ局の社員のケース

白川剛史さんは専門学校を卒業してから10年以上、地方のテレビ局で番組制作の仕事をしてきた。仕事は技術系の専門職だった。就職した当初は仕事をすること自体に特に問題はなかったが、年次が上がるにつれて次第に周囲とうまくいかなくなった。

上司からの指示がなかなか理解できないことが多くなった。自分なりに理解したつもりでも、上司の意図が伝わっていないことがたびたびだった。このために、仕事上のミスも多くなった。

仕事だけではなく私生活でもうまくいかないことが多くなり、不安感やいらいらが強くなったため、精神科のクリニックを受診した。そこではうつ病ではないかと言われたが、積極的な治療はされなかった。発達障害の専門外来を受診したとき、白川さんは次のように自分の問題点を述べている。

- 一人で決断できない、決断しても間違えて他の人の不信を買ってしまう。
- 他の人との関係が長続きしない。
- 同時に2つ以上のことができず、覚えられない。
- 怒られたときに、頭が止まるような状態になってしまう。
- 自分のまわりにすりガラスのドームがあるような感じ。
- ドームのせいで、自分に近づく前に、人が避けていく感じ。
- 混乱してパニックになりやすい。
- 人の顔と名前が覚えられない。

子供のころから、人付き合いは苦手だった。なかなか友達ができず、いったんは友達になっても長続きしなかった。いじめに遭うことも頻繁だった。

そのころの白川さんは、一人でガラス玉など「きれいなもの」を収集するのが好きだった。そういったことには熱中しすぎて、歯止めが利かないこともみられた。

「自分と似ている人がこれほどいるとは思わなかった」

また白川さんには、自分の行動にいろいろな「縛り」や「ルール」がみられた。例えば、いつも決まった道順を歩かなければならなかった。それをしないと、強い不安が襲ってくる。対人関係は苦手で、中学、高校以降も、なかなか周囲と溶け込めずに浮いていることが多かった。

会社からは、「このままでは正社員から契約社員に降格することになる」「給料に見合う仕事をしていない」「何をしたらいいのか、自分で考えろ」と言われたため、自ら進んで発達障害の専門外来を受診した。

白川さんは専門外来でASDと診断され、ASDの小人数のグループ療法への参加をすすめられた。デイケアの見学をしたときには、「自分と似ている人がこれほどいるとは思わなかった」と述べている。

結局白川さんは、周囲のだれにも頼ることができずに、会社は退職となった。それでも彼はくさることなくデイケアに通い続けた。一時は「発達障害は自分を縛る足かせ」などと発言したが、やがて何人か友人もできた。

デイケアに通所を開始して半年余りして、障害者雇用でIT系会社の事務職に採用された。仕事は経理関係、人事関係を担当したが、仕事ぶりは評価されて順調に経過している。すべて単独で行う業務であることが、白石さんにとってはよかったようである。

文学者の男性のケース

高橋総一郎さんは、高学歴の文学の研究者である。旧帝大の文学部の博士課程を卒業し、ヨーロッパに研究のために留学した経験もある。語学の能力も高く、英語の他、ドイツ語、フランス語、イタリア語に堪能である。専門領域における論文や翻訳も少なくない。

子供のころから成績は優秀だったが、一人でいることが多かった。学校できちんと並ばないといけないときでも、気がつかないで一人で勝手なことをしていることがあった。グループ活動が苦手で、なかなか仲間に入れなかった。計算や暗記はだれよりも得意だった。

高橋さんには落ち着きがない面があり、通知表の記載で、教師から「学習中に私語があり、たびたび注意を受けています」「机でじっとすわることが辛いらしく、自習時間にはよく出歩いています」「となりの子供とこそこそ手悪さをするので、よく注意を受けます」などと指摘されている。

作業にスピードはあり、先生から「計算博士」と呼ばれたこともあったが、正確さに欠ける面があった。テストなどではケアレスミスが多かった。「惜しいのは、少々落ち着きのない点で、早とちりをして間違っていることがあります」と言われた。

高橋さんは小6のとき、同学年の男子生徒から、理由のない嫌がらせを繰り返して受けた。このため高橋さんは、いつもナイフを持ち歩くようになった。これ以後、人に対する恐怖心が強くなり、できるだけ対人関係を希薄にしていた。

運動をすることで乗り切る

中学、高校は勉強中心の毎日だったが、学校でも自宅でも大きなトラブルはみられなかった。このころからクラシック音楽に熱中し、四六時中聞き入るようになった。

留学から帰国後、特にきっかけはなく高橋さんは精神的に不安定になった。意欲がなくなり、自室に引きこもる状態がしばらく続いた。精神科に受診し投薬をされたが、なかなか状態は改善しなかった。

このような状態を高橋さんは、自転車を使って積極的に運動をすることで、自分なりに乗り切った。電車はほとんど使用せず、2時間くらい自転車に乗って出かけることもしばしばみられた。

体調が回復し、意欲も出るようになってからは、翻訳の仕事、英会話の個人レッスン、英語学校の講師として仕事を継続している。高橋さんはベースの能力が高いＡＳＤの当事者であるが、対人関係を苦手とするため、成人後も組織に所属して働くことをしないで、自分の特性に向いた生活を続けている。このような生き方は、日本の社会、特に地方では難しいと思われるが、社会的に認められることが望ましいと考えられる。

公務員の女性のケース

三好元美さんは30代半ばで、公務員として仕事を続けている。彼女は千葉県の生まれだった。三好さんには言葉の遅れがあり、小学校に入学するまで地元の保健センターに通っていた。あまり笑わない子供だったが、記憶力はよく、郵便番号などの数字をよく覚えていた。このようにＡＳＤにおいては、正常以上の知能を持つケースでも、言葉の遅れがみられることはまれではない。

幼稚園のころから、一人でいるのが好きだった。女の子らしい遊びはほとんどしようとしなかった。保健センターからは特別支援学校への進学をすすめられたが、両親の希望で通常学級に入学した。

　小学校で、三好さんはじっと座っていることが苦手だった。友達はほとんどできず、いじめられることがよくあった。それでも勉強をすることは好きで、成績はいつも上位だった。

　中学でも、やはり人間関係が苦手だった。合唱部に入ったが、友達らしい友達はできず、仲間はずれにされることが多かった。成績は優秀で、高校は地元の進学校に合格した。高校時代も友人はできず、ほとんど一人で過ごしていた。

　大学は都内の私立大学の文学部に入学した。第一志望ではなかったが、偏差値の高い有名校だった。ここでは三好さんは比較的楽しく過ごせた。音楽関係のサークルに入り、以前よりは友達付き合いもできるようになった。

職場の配慮にも限界あり

　親の希望もあり、三好さんは公務員試験を目指し、希望通りに、地方公務員の試験に合格した。仕事は事務職で、勤務先は数年ごとに異動になった。仕事自体は問題なくこなせたが、職場の人間関係がいつも負担だった。

　ある部署の上司は物言いがパワハラ的で、何を言っても頭ごなしに怒鳴られることがあった。そのときはいらいらが強くなり、コントロールが利かなくなった。けれども上司だけではなく、三好さん自身の問題も存在していた。彼女は自分のやり方に固執する傾向が強く、他からの意見を聞こうとしなかったのである。やがて職場で大声を上げてパニック状態になり、ものを放り投げたり自分に嚙《か》みついたりしたため、近くの精神科を受診することになった。

受診した精神科クリニックでは、統合失調症と診断されたが、この診断は明らかに誤りである。抗精神病薬の投薬を受け、しばらく自宅療養をしていたが、薬の副作用が強かったので、自己中断している。

職場に復職した三好さんは、県のリハビリテーションセンターの事務職として勤務をしている。経理担当で仕事は忙しく、10時、11時まで残業することもまれではなかった。

彼女にとっては、仕事の忙しさに加えて、以前と同様に上司や同僚と「合わない」ことや叱責されることがストレスで、職場で大声を上げたり、他の職員に向かってものを放り投げたりしてしまうことがあった。

こういう状態が高じると仕事を数日から数週間休むことになったが、しばらく実家で静養していると落ち着きを取り戻し、職場に復帰した。職場でもプライベートでも決まった友人はおらず、休みの日は一日中好きな音楽を聴いて過ごしていることが多かった。

三好さんは対人関係の障害を主な症状とするＡＳＤの女性である。学生時代までは孤立はしているものの重大な不適応はみられなかったが、仕事の現場においては、融通の利かなさから不適応となり、衝動的な問題行動を繰り返した。職場はある程度彼女の特性に配慮をしたがそれも限界があり、いずれは障害者雇用への転換が必要と思われるケースである。

クラス、職場での孤立

小沢明彦さんは、穏やかな雰囲気を持った30代後半の男性である。小沢さんはみるからに裏表のない真面目な人で、話をしているときには緊張のためか、やや口ごもる傾向があった。

小沢さんは「発達障害かどうか知りたい」と、自ら希望して発達障害の専門外来を受診した。これまでにも、精神科で診察を受けたことはあったが、不安障害、適応障害などと診断され、発達障害と診断されたことはなかった。

受診時、小沢さんは自分で「困っていること」をＡ４の原稿用紙にまとめてきた。その内容を以下に示す。

- 冗談が通じないと言われる。
- 協調性がないと言われる（一人でいたいだけ）。
- 感情表現がないと言われる。
- 手を使う作業が遅い。
- 言動が奇妙らしい（よく真似され、からかわれる）。
- 一つのことに夢中になると他がみえなくなる。
- 知らない人となかなかなじめない。
- 雑談、世間話が苦手。

小沢さんは北関東の生まれである。小学校のころから、友達はわずかしかいなかった。周囲になかなかなじむことができず、理屈っぽいとよく言われた。その一方でかっとしやすい傾向があり、友達とけんかになることもよくあった。小沢さんによれば、間違ったことを言う友達を許せなかったので、はっきりと指摘してしまったのだという。

こうしたことが重なり、小沢さんは一人で過ごすことが多くなった。一時は将棋に夢中になった。学校では図書館で本ばかり読んでいたので、からかい気味に「物知り」と呼ばれるようになった。

教師からは、「知識は完璧」でよく勉強はできるが、「友人との協力など対人関係で問題がある」と指摘されている。小学校の通知表には、次のような記載がみられた。教師からは人付き合いが苦手で、いくぶん自分勝手なところがあるとみなされていた。

小1　お友達と仲良く遊べるようになるといいですね
小2　自分の仕事に手を抜き、「やりたくない」と目に涙をためる。ちょっとしたことで、友達を傷つけたり、涙ぐんだりする
小3　人との心のやり取りがうまくできるようになるといいですね
小5　無駄話をして集中力にかける

中学から高校にかけて、小沢さんの様子に大きな変化はなかった。学校の成績は中位から上位であったが、やはり人付き合いが苦手で、クラスの中ではいつも孤立していた。

仕事は転々としたが、いずれも長続きしなかった。職場を数年でやめることを繰り返し

た。「話がうまくできない、作業が遅い。冗談が通じない」などの理由で本人からやめることもあれば、解雇に近い状態で退職することもあった。

本人の履歴書から職歴の一部を記してみる。

X年4月　株式会社A産業入社（アルバイト）
X＋5年9月　A産業退社
X＋5年10月　有限会社B食品入社（アルバイト）
X＋6年6月　B食品退社
X＋6年7月　C株式会社入社（アルバイト）
X＋9年1月　C株式会社退社
X＋9年1月　D株式会社入社（アルバイト）
X＋9年3月　D株式会社退社
X＋9年6月　E株式会社入社（契約社員）
X＋9年8月　E株式会社退社
X＋9年9月　F株式会社入社（準社員）

X＋10年1月　F株式会社退社

このように仕事を転々としていた小沢さんであったが、最近の5年余りは、ある警備会社で継続して勤務している。障害者雇用の警備職である。もっとも、会社側の配慮は十分とは言えないようだ。

自分のパターンを変えられない

小沢さんは、同僚からは「世間話もろくにできない」と敬遠されて孤立した状態が続いている。本人は、同僚の会話のテーマには興味がわかなかったし、自分としては、野球や競馬の話ではなく、歴史や文学のことを話したいのだという。

職場で親しい人はまったくいない状態であるが、小沢さんは仕事上で大きなミスはなく仕事は継続している。ただ同僚からのいじめや嫌がらせの問題について会社に相談しても、まったく取り合ってもらえていない。

小沢さんは生真面目な性格で、仕事に対しても真剣である。しかし、どの職場においても、周囲とうちとけることが難しく、長続きしないことがほとんどであった。この点、本人に非があるわけではないものの、適応を改善するには、他人との対応を変える努力が必要であることは明らかである。しかし本人は自分が間違っているとは思っていないため、変わる努力はまったくしていない。

このような対人関係、コミュニケーションの問題は、ＡＳＤの人によくみられる現象である。もっとも対人関係の障害は、他の精神疾患においても、あるいは一般の人においても頻繁にみられるので、これのみで診断には至らない。

例えば対人的な不安や緊張が強いため、対人場面を避けてしまうという人は少なくない。その極端なケースが、いわゆる「対人恐怖症」あるいは「社会不安障害」である。しかしながら、ＡＳＤにおける対人関係の障害は、そういった不安や緊張といったものとは質的に異なっている。

ＡＳＤの人における問題は、周囲の人たちに合わせたり、同調したりしようとしないことから起きている場合が多い。小沢さんの場合も、職場での同僚の会話に自ら加わろうとすることはない。本人は、人付き合いに不安や恐怖心を持っているわけではなく、むしろ関心がないのである。

小沢さんにおいては、野球や競馬など同僚が話題にする話にはまったく興味がなく、むしろくだらないと思っていた。そのため、会話に加わろうとしなかった。おそらく彼のそういった気持ちが態度にも出ているのであろうし、それがさらに反感を買ったのではないかと思われる。

決してうちとけようとしない小沢さんには、次第に周囲は愛想を尽かし、人によっては積極的にバカにしたり、仲間はずれにしたりするに至ることとなった。こういった図式は、小児におけるいじめと変わりがない。

よくASDの人は「空気が読めない」と言われるが、社会生活の経験を重ねることによって本人はこうした問題点をある程度理解していることもある。しかし、彼らは自分のパターンをなかなか変えられないし、むしろ自分のやり方に固執する。この点がまさにASDの特性であり、その結果さらに彼らの孤立は深まってしまいやすいため、うまく指摘することが必要であるとともに、本人が孤立しないように周囲の配慮も重要であろう。

「大学をやめて農業をしたい」

田中正志さんは「何をやってもうまくいかない。発達障害の治療、支援を受けたい」と発達障害の専門外来を受診した。

父親の仕事の関係で、生まれたのはドイツだった。親からすると、言葉の発達が遅れぎみなことが心配だった。2歳のときに、日本に帰国をしている。

登園した幼稚園では、友達ができずに孤立する傾向がみられた。音などに過敏で、急にパニック状態になることがあった。特定の言葉にこだわりがあり、気に入った単語を何度も意味なく繰り返した。

小学校では多少の友人はできたが、いじめに遭うことも多く、辛いことが頻繁に起きた。母親に連れられて友人の家に遊びに行っても、友人と遊ぼうとしないで、母のそばから離れないことが特徴的だった。

田中さんは言葉を文字通りに解釈する傾向がみられて、周囲とのコミュニケーションがちぐはぐになることがしばしばだった。一方で記憶力はよく、スポーツの試合の結果などを詳しく覚えていた。

さらに、スポーツのデータに対するこだわりは強かった。田中さんはあらゆるスポーツの結果に目を通し、自分なりの順位づけやトーナメント表を作成していた。選手の名前や成績なども詳しく記憶していた。

初めての場所を怖がることが、小学生でも継続してみられた。パニックになって騒ぎ出し、収拾がつかなくなった。学校の先生が言う「回れ右」や「右向け右」の指示を理解できずに、泣き出した。同級生の何気ない一言に、過剰に反応してしまうこともあった。

中学校でも同じような状態が続いた。同級生からは「KY」「うざい」などと言われることがあったが、学校にはきちんと通っていた。テストで「適当なものに○をしなさい」という問いに、本当に適当に○をつけて出してしまったこともあった。

高校は、私立の共学校に進学した。陸上部に入って熱心に練習をしていた。一人だけ部活の中で親しい友人ができたが、その友人が成績不良で退学してからは、一人でいることが多くなった。

高校2年、陸上部をけがでやめてからは、精神的に不調となった。学校に行きたくない、死にたいと親に訴えたが、結局のところ学校を休むことはなく通い続けた。ただし成績は不良だった。

大学は推薦で、ある大学の工学部に進学した。自分なりに勉強はしていたが、試験の前などにはパニックになることがあった。友達はほとんどできずに、大学になじめなかった。講義には出席していたが、授業の合間に自宅にもどることもみられた。

学年が上がり、専門科目が増えると、授業についていけなくなった。小人数のゼミへの参加もストレスだった。このため3年生の途中から大学に行かなくなり、自宅に引きこもるようになった。

しばらく引きこもりの状態が続いたが、突然、本人は「大学をやめて農業をしたい」と言い出した。インターネットで若い働き手を募集している地方の農村の記事を自分でみつけて、住み込みの生活をすると主張した。

家族は、いきなり農業といってもそんなに甘いものではない、重労働で体力もないし勤まらないと諭したが、聞く耳を持たなかった。田中さんは自分で大学を退学する手続きをして、勝手に地方に移住してしまった。

ところがやはり懸念した通り、2か月もたたないうちに、勤務先から「コミュニケーションに障害があり、上司や同僚からの指示を理解できない」「体力不足で、技術もなかなか習得できない」という連絡があり、解雇されてしまった。

その後自宅に戻ったが、不安定な状態が続くため、親のすすめで精神科を受診したところ、発達障害の疑いがあるということで、烏山病院の専門外来に紹介されたのだった。

田中さんは仕事をやめてからは、自宅に引きこもっていた。初めに受診した精神科では、適応障害と診断された。家では横になっているか、パソコンでスポーツの記事をみて過ごしていた。

専門外来では、対人関係の障害と、特定の事柄に対するこだわりが強いことから、ＡＳＤと診断された。その後本人の希望もあり、デイケアで実施しているＡＳＤに対する専門プログラムを紹介された。

田中さんは、半年余りこのデイケアでのプログラムに参加した。その後は障害者雇用により、損保関係の大企業に就職が決まった。仕事の内容はＰＤＦファイルの作成とデータ入力で、大きな問題はなくこなすことができた。

異性との付き合い

勤務時間は6時間から開始し、半年後には8時間勤務となった。ほとんど一人で行う作業だったので、対人関係が問題となることはなかった。田中さんは、精神的にも安定した状態が持続した。

就労して3年目、同僚である障害者雇用の女性と交際するようになったが、短期で相手から別れを告げられた。その直後には特に変化はなかったが、10日後ごろより田中さんは精神的に不安定となり、体に力が入らなくなって会社に行けなくなった。理由なく涙が流れ、母の前で泣きわめいてしまった。

仕事に行けず、自室でパソコンばかりみているため、心配した親が注意すると、激高して号泣した。こういう状態が続くため、通院先に相談し、田中さんは会社を休職した。その後は一時的に投薬を増量したことにより精神的に安定し、約1か月で元の職場に復帰することができたが、異性との付き合いをどのようにするかという点は、今後の彼の課題である。

第4章 仕事とNeurodiversity

「大いに注目すべき成長戦略」

この章においては、発達障害と就労に関する問題について具体的に検討するとともに、最近話題となっているNeurodiversity（ニューロダイバーシティ、神経多様性）について基本的な考え方を説明し、発達障害との関連性について議論したい。このNeurodiversityを推進しているのは、経済産業省である。そのホームページにおいて以下のように述べるとともに、周知、調査活動を推進している。

「イノベーション創出や生産性向上を促すダイバーシティ経営は、少子高齢化が進む我が国における就労人口の維持のみならず、企業の競争力強化の観点からも不可欠であり、さらなる推進が求められています。この観点から、一定の配慮や支援を提供することで『発達障害のある方に、その特性を活かして自社の戦力となっていただく』ことを目的としたニューロダイバーシティへの取組みは、大いに注目すべき成長戦略として近年関心が高まっております。この概念をさらに発信し、発達障害のある人が持つ特性（発達特性）を活かし活躍いただける社会を目指します」（経済産業省ＨＰ）

仕事と発達障害――「オープン就労」か「クローズド就労」か

発達障害の本人においても家族においても、就労は大きな課題である。仕事探しそのものの困難さが大きいことは明らかだが、発達障害の特性により、就労とはどういうものなのか理解が乏しい、就労してみたもののうまく適応できないで転職を繰り返す、就労に伴い精神的に不調となり、うつ状態に至るケースなどは少なくない。

発達障害の当事者が就労する際において、まず検討が必要なのは、雇用主に障害のことを伝える「オープン就労」と、障害のことを伝えない「クローズド就労」の選択である。

法律的には、「障害者の雇用の促進等に関する法律（障害者雇用促進法）」において、事業主に対して雇用する労働者に占める障害者の割合が一定率（法定雇用率）以上になるよう義務づけている。発達障害は「精神障害者保健福祉手帳」を取得することによって、法定雇用率の対象者としてカウントされる。この制度を利用した雇用が障害者雇用であり、オープン就労と呼んでいる。

障害者雇用を利用せずに、職場の上司などに自分の障害をオープンにすることもあるだろう。こうした場合も、上司の対応によっては多少の配慮をしてもらえる可能性はあるかもしれないが、他の職員と基本的には同じ扱いになる。例えば障害者雇用であれば、残業の禁止や出張の制限などが可能であるが、障害者雇用を選択していないとこのような扱いは難しい。

オープン就労が必要なケース

オープン就労は、障害特性に配慮した職場環境の中で仕事をすることができるというメリットがある。２０２１年３月より、民間企業の法定雇用率が２・３％に引き上げられた。今後もさらに法定雇用率の引き上げが検討されていて、求人数がさらに増加することが予測される。

障害者雇用を選択するかどうかは、当事者においても、その家族においても、大きな決断となる。障害者雇用という名称に反応してしまうケースもみられ、「世間体が悪い、プライドが損なわれる」といった理由で踏み切れないケースも多い。

どのような就労の形態を選ぶかは最終的には本人の希望が優先されるが、一般的には短期間で職場で不適応となり、転職を繰り返している人、年単位の長期間就労をしていない人においては、オープン就労から開始することが適切である。

就労に向けて

発達障害の当事者が利用できる社会資源は、これまでは一般の精神障害者が利用できる既存のものが中心であったが、最近は、発達障害の特性に配慮した社会資源が増えている。

詳細は別に述べるが、利用される頻度の高いものを挙げておく。

まず「発達障害者支援センター」が挙げられる。これは、各都道府県に設置され、当事者、家族、その関係者が利用可能で、相談と支援、情報提供が主な業務となっている。「障害者就業・生活支援センター」は、就職希望者、在職者の課題に応じ、雇用及び福祉の関係機関との連携のもとに、支援を行う施設である。就職活動に関しては適職の相談、履歴書の書き方や面接の練習、採用面接への同行なども行っており、就職後も職場訪問を行い、本人と雇用主に対しても助言を行っている。

就労のための訓練施設として、「就労移行支援事業」が重要である。ここでは、就労に向けての様々な実習や作業、企業における実習、適性に合った職場探し、就労後の職場定着のための支援などを24か月以内で実施していくもので、就労支援の中心的な存在となっている。

準備のためのトレーニングは有効

発達障害の当事者においては、就労の希望はあるものの、何を準備したらいいかわからない、どのような仕事が向いているかわからない、どのように就職活動をしたらよいかわからない、仕事をすることがイメージできないなど、多くの不安を抱えてしまうことが多く、就職への抵抗感を高めてしまう者が多い。またいったんは就職したものの、心身の不調を感じ休職や退職に至る者も少なくないため、事前に十分な準備が必要である。

就労に際しては、働くための基礎的な知識や能力は不可欠である。これには、自らの健康管理、日常生活の管理、基本的なコミュニケーション、通勤や働くための体力、労働習慣の確立などが含まれる。こうしたベーシックな能力は、通常は学生時代のアルバイト体験などから身についているものである。

しかしながら発達障害の当事者においては、対人関係の問題を元来の特性として持っていることに加えて、社会経験の少なさから、仕事の現場で何を求められているのか、実感していないことも多い。アルバイトの経験が十分でない者もしばしばみられる。さらに長期にわたって自宅に閉居している場合には、生活が不規則となり、通勤や仕事の実務に必要な体力が損なわれていることもみられる。

このため、就労準備のためのトレーニングは有効である。ビジネスマナーなどビジネス現場における対人関係やコミュニケーションのトレーニングは、就労移行支援事業所で行われていることに加えて、医療機関でも実施されている。

昭和大学附属烏山病院のデイケアでは、プログラム内で、当事者が苦手としている職場や対人場面を取り上げて参加しているメンバーにロールプレイをしてもらい、どのように振る舞うのが適切かグループで検討を行うことによって、現実の社会生活での適応の向上を目指している。

就労移行支援事業では体験型の企業実習に参加することも可能である。体験型実習は就労経験の乏しい者や想像することが難しい者にとって、自分の適職について検討するためによい機会になる。

デザイナーの男性のケース

池田晴彦さんとは、精神科の外来を初診して以来、10年以上にわたる長いお付き合いになった。当初池田さんは、躁うつ病と診断されて近所の精神科のクリニックに通院していたが、そのクリニックから紹介されて大学病院の精神科の外来を受診した。

クリニックで処方された薬を飲んでもよく眠れないというのが、池田さんの主な訴えだった。池田さんはデザイナーで仕事の能力は高かった。ある国立大学工学部の大学院において、グラフィックデザインの研究をしていた経歴を持っていた。

池田さんは思春期のころから、不眠となることが多かったが、大学院に進学して修士論文を作成しているころより、不眠がさらに頻繁にみられるようになった。

このため研究に集中できなくなり、大学院は中退してデザイン関係の仕事についた。けれども仕事が多忙になると不眠の症状が悪化するため、精神科のクリニックを受診したのであった。「浅い眠りで、ホラー映画をみているような感覚でよく眠れない」と当時のことを述べている。

睡眠障害が連日に及ぶと、気分の落ち込みもみられるようになり、最初の受診先では「うつ病」と診断されて、睡眠薬に加えて抗うつ薬を処方された。だが、あまり効果はみられなかった。

池田さんは別の病院に転院し、投薬の内容を変更したことにより、いったん精神状態は回復し、地方にある美術大学に助手として勤務することができた。しかし、彼のよい状態は長続きはしなかった。

　赴任して間もなく池田さんの気分はハイテンションとなり、人が変わったように多弁になった。彼は、大学の同僚や上司に対して攻撃的な言動を繰り返した。このため、せっかく就職したにもかかわらず、半年余りで退職となっている。

治療薬で仕事への意欲もみられるように

　その後、池田さんは実家に戻り、近くの精神科クリニックを経て私どもの病院に通院を開始した。その時期にはうつ状態が遷延し、家で横になっていることが続いていた。抗うつ薬を中心に投薬を様々に変更したが、なかなか効果はみられなかった。

　ところがあるとき、外来で小児期からの経過を振り返ったところ、小学校のころから「忘れ物が多い、物をよくなくす、片付けが苦手」などの不注意症状がみられることが明らかになった。

　さらに、こうした不注意症状は成人になってからも持続していること、特定のことにはうまくはまると過剰に集中する傾向がみられること、飲酒に依存傾向があるなど衝動的な行動パターンがみられることなどから、うつ病や躁うつ病と診断された気分変動の背後に、ＡＤ

HDがみられると考えられた。

　このため、治療薬についてADHD治療薬を中心にしたものに変更した。すぐに効果はみられなかったが、数週間後より池田さんのうつ状態が改善し、仕事に対する意欲もみられるようになった。

　池田さんは自らあるデザイン会社で障害者雇用の職をみつけてきて、その会社に採用された。彼の主な業務はホームページなどのデザインの作成である。業務そのものは難しいものではなく、就職して数年が経過するが仕事は継続できている。

　まれに気分変動や過度に飲酒することなどがみられるが、軽度のうつ状態となっても十分に睡眠をとることで改善されている。遅刻が頻繁になる時期もみられたが、会社側はある程度寛容に対応してくれている。

　この症例においては、適切な診断が得られたことによりかなりの回復を示し、障害者雇用として安定した状態が得られた。就労後も生活リズムが不規則で気分変動が散発しているが、職場の理解もあり、重大な不適応はみられていない。

元銀行員のケース

以前に銀行員をしていた長澤健さんは、ＡＤＨＤに加えてＡＳＤの特徴も持っている。子供のころから、学校の成績は優秀だったが、どこか「変わった子」と思われていた。

幼児期には、友人と遊ばずに一人で絵本を読んでいることが多かった。記憶力がよく、自動車の名前などを覚えることが好きだった。小学校では友人はある程度いたが、その場の空気を読まずに、同じギャグを何度も繰り返して言い、周囲のクラスメートからあきれられることがあった。

当時から生活面では不注意が目立ち、家事を手伝っているときに、何度も皿を割ってしまった。また親に注意をされても、何を言われているのかわからないことがよくみられた。さらに周囲の大人からは、話し方が堅苦しい、子供らしくないと、指摘されている。

中学は公立の学校に進学した。成績は上位で、生活面でも対人関係でも、特に問題になることはなかった。高校は、ある有名私立大学の附属校に進学した。急に勉強が難しくなり成績が低下した。またこのころより、理由はよくわからなかったが、友人などとの対人関係で気まずくなることが多くなった。教師からは「ＴＰＯをわきまえていない」と注意された。

系列の大学に進学してからは、勉強よりも、柔道部のサークルに入り熱心に取り組んだ。柔道自体はあまり上達しなかったが、４年生で副キャプテンになっている。先輩からは「雰囲気が読めていない」と指摘されることがあったが、何を注意されているのかよく理解できなかった。

急に相手の言葉が聞こえなくなる

長澤さんは、大学時代までは多少の問題はあるにしろそれなりに生活できていたが、問題が明確になったのは、ある都市銀行に就職してからだった。銀行では何度か部署を異動しているが、どの部署においても、「お前ほど変わった奴《やつ》はみたことがない」「何を言いたいのかわからないことが多い」と周囲から言われ続けた。

仕事上では、まず何よりも細かいミスが多かった。ちゃんと聞いているつもりでも上司の指示が抜けてしまい、同じ間違いを繰り返すためにひどく叱責された。話がまとまらずに、しどろもどろになることもしばしばだった。

ある支店に勤務していたときに、上司から仕事全般についての細かい指摘を繰り返しされて、次第に精神的に参ってしまい、会社を休むようになった。上司と話をしているときなどに、急に相手の言葉が聞こえなくなることがあった。そういうときには、頭の中が沸騰したようになり、混乱して考えがまったく整理できなくなった。

自分としては、限界だった。仕事上でも優先順位をつけられずにミスをすることが増えた。そのため重要な仕事からはずされて、雑務に回された。遅れを取り戻そうと、自分なりにがんばってみたがかえって体調を崩してしまい、出社できないことがさらに増えて休職するに至った。

併存するADHDとASD

個人生活の面では、片付けや整理が苦手だった。いつも部屋が散らかっていた。趣味や勉強でいろいろなものに手を出すが、一つのことを継続することができなかった。また、無理をして自分の能力を超えることをしようとする傾向が強く、習い事を始めては短期間で放棄することを繰り返した。

気分の落ち込みが続くため、銀行の産業医からの指示で、長澤さんは精神科を受診した。そこではうつ病と診断され、抗うつ薬などが処方されたが、服用が不規則なこともあり改善はみられなかった。

ある時期にはうつ状態から急にハイテンションとなり、家族に攻撃的になったり、大声を上げることが続いたため、精神科に短期間入院となっている。この時点で診断は、双極性障害に変更となった。しばらくして精神状態は安定したため、いったん銀行に復職するが、やはり仕事のストレスが強く間もなく再度の休職となり、そのまま退職になった。

その後の長澤さんは、転院し主治医の指示で精神科のデイケアへ通所を続けることとなった。当初は一般就労への希望が強かったが、デイケアの中でもいらいらが衝動的に強くなることが多く、予定外のことが起きたり、悪ふざけをするメンバーがいると本気で激高することを繰り返した。

また診断的には、ＡＤＨＤとＡＳＤの両方の診断がつくものと改められ、うつ病や双極性障害は二次的にみられたものと考えられた。このため、薬物療法もＡＤＨＤ治療薬が中心となった。

作業の能力が低いということはなかったが、自分なりのこだわりが強く、スタッフのアドバイスにも素直に従えないことがしばしばだった。さらに他のデイケアのメンバーとも安定した対人関係を保てなかった。

このような状態が続くため、主治医とデイケアのスタッフは一般の就労は難しいと判断し、障害者雇用を目標とすることに切り替え、本人も不承不承これを納得した。

長澤さんは病院内でのアルバイトを経て、関連の施設に事務職として障害者雇用により就職した。就労後も気分の波があり、また多少「切れやすい」傾向は続いているが、以前の就労経験は生きているようで業務はきちんとこなすことができている。

ただ不満がたまりやすく、いらいらが高じて周囲にキレる傾向はしばしば出現した。このため、薬物療法に関して、投与していたＡＤＨＤ治療薬のコンサータを減量、中止し、インチュニブを追加したところ、感情面が安定するようになってきている。

前述したように、長澤さんの主診断はＡＤＨＤとＡＳＤの併存と考えられる。不注意や衝動性はＡＤＨＤの症状である一方、対人関係が苦手で自分のやり方に固執する融通性のなさはＡＳＤの特性であろう。長澤さんにおいては、この発達障害をベースにしてうつ病や双極性障害と思われる症状が二次的に出現したのである。

休職と復職

ＡＳＤやＡＤＨＤにおける休職や復職において、他の精神疾患と特別異なる対応の仕方があるわけではない。このような場合、第一に検討する必要があるのが、診断書に記載する診断名である。というのは、当事者の多くは、自らの疾患や通院について会社側に明らかにしていないからである。

オーバーワークや対人関係の障害などをきっかけとして不適応が生じて仕事が継続できない場合や、うつ状態が重症で出社にも困難をきたす場合などにおいては、診断書を作成して会社側に提出する必要がある。この際、発達障害の診断がつけられていても、その時点の症状面から、「うつ状態」や「適応障害」と診断書に記載することも珍しくない。

本人がこれまでの治療経過を会社に明かしていない場合、ＡＤＨＤなどの診断を会社に知られたくないと考えることが多い。実際、発達障害に関する診断書を会社側に提示した場合の反応は様々である。

休職期間が十分ではない

そもそも発達障害について知識不足のことは現在でも多く、会社側は当惑したり、非常識な反応を示すこともある。ある当事者の男性の場合は、ＡＳＤという診断名を会社に伝えただけで、すぐに障害者雇用に転換するように、と指示された。このような診断が、会社によってはリストラの理由にされることもあれば、オープンにしたわけでもないのに、病名が他の職員に広まってしまい、いわれのない誤解を生じることもみられている。

このため状態像に限定した診断名を使用すること、「うつ状態」「うつ病」「自律神経失調症」などの病名は、完全に正確とは言えないまでも、比較的「安全」である。というのは、上記の病名は、よくある疾患として多くの人に認知されているからである。

休職期間は少なくても２週間以上、当初は１〜２か月とすることが多い。簡単な環境調整のみであれば休職期間は数週間で可能であるが、精神的に不安定となり回復の時間も必要なら、１か月でも十分ではないことが多い。というのは、休職期間の後半の１〜２週間は、復帰のための準備期間にあてる必要があり、本当の休養はとれないからである。会社の規定でリワークの利用が必要な場合は、さらに長期の休職を要する。

リワークを利用する場合、注意する必要があるのは、リハビリ期間や会社の規定による「リハビリ出社」の期間は、復帰の扱いとならず、休職期間に含められることである。リハビリ出社においては、半日など時短勤務をしている場合が多い。だが、会社によってはこの期間１〜２か月休まずに勤務を継続できないと復帰させないこともある。ある公務員の女性の場合、リハビリ出社の規定がクリアできず、最終的には期限切れで退職しないといけなくなった。

休職からの復職に際しては、「職場復帰可能」という内容の診断書を作成することが多い。その場合、「当面は残業禁止」などの一定の配慮を記載することもある。ただし、このような配慮が可能であるのは、比較的規模の大きい企業である。

成人になっても対応が求められる背景

近年、発達障害、特に成人期の発達障害に関して、様々な報道がさかんに行われている。かつて児童や思春期の疾患と考えられていた発達障害は、成人になっても症状が持続することが明らかになり、教育や行政、職場における対応が求められているのが現状である。

このような「流行」の背景には、発達障害と関連する様々な社会的な問題の存在がある。学校におけるいじめや不登校の問題は、教育、行政関係者が多くの対策をとっているにもかかわらず、近年むしろ深刻化している。また不登校からの引きこもりについても、解決には程遠い。われわれの調査によれば、ＡＳＤの当事者においてはいじめの被害および不登校が高い比率で認められたが、このような視点からいじめや不登校の問題を扱おうとする動きはわずかしかみられていない。

就労の現場においては、職場の管理化の進行とともに、従業員の能力に対する要求度の高まりによって、発達障害の特性を持つ個人が不適応に至るケースが増大している。高い知能指数を持っているにもかかわらず、不注意や集中力の障害によって不適応を繰り返しているケースもあれば、一方で対人的なコミュニケーションは不得手でも、特定の領域には優れた能力を示す例もまれではない。

「Neurodiversity」の誕生

発達障害のこのような特性を、先述したように「Neurodiversity（神経多様性）」と呼ぶことがある。Neurodiversityは、Neuro（脳・神経）とDiversity（多様性）という２つの言葉が組み合わされて生まれた用語で、「脳や神経、それに由来する個人レベルでの様々な特性の違いを多様性ととらえて相互に尊重し、その多様性を社会の中で活かしていこう」という考え方と定義されている。

Neurodiversityの概念は当事者のコミュニティの中で形成されたもので、１９９０年代から欧米のＡＳＤの当事者において使用されるようになった。この概念は、当初は、「脳の機能や発達の差異を精神疾患や障害とみるのではなく、人間集団の中に存在するばらつきの一種として扱おうとする考え方」を意味している。

この用語を最初に使用したのは、オーストラリアの社会学者であるジュディ・シンガーである。彼女は、自分自身と母親および娘がＡＳＤの特性を持つことを認識して、ＡＳＤの当事者と家族をサポートするオンラインコミュニティである「InLv」を立ち上げ、Neurodiversityの考え方を提唱した。彼女は、自らと家族について、インタビューの中で次のように述べている。

シンガーは、当事者である娘について「私が育ったころは、子供は親が書き込める白紙の状態で生まれてくると思っていました。娘が生まれたとき、私は自分の考えを改めなければなりませんでした」と述べている。さらに自身については、Neurodiversityの人々の日々の苦悩をはっきりと肌で感じており、若いころはいじめや排除感に苦しみアイコンタクトや「世間話」をするのが難しかった、と述べている。

社会的な不平等や差別を改善する

シンガーは、ＡＳＤの当事者が社会の中で誤解され、低く評価されている状況に対し、危機感を持ち、社会的な不平等や差別を改善する運動のために、Neurodiversityの概念を生み出した。この考え方は、米国の作家ハーベイ・ブルムらによって次第に一般に浸透するようになった。またシンガーと同時期に、ジェーン・メイヤディングもこの用語を使用している。

Neurodiversityは、当初ＡＳＤに限定された概念であったものの、後にＡＤＨＤ、学習障害、統合失調症などの疾患にも拡大された。２０１０年代からは、本来の社会運動的な側面とは別に、発達障害の特徴と能力に関心が持たれるようになり、一部の米国企業においては積極的に発達障害の当事者を採用するようになっている。

「ギフテッド」の領域

「ギフテッド」は、Neurodiversityと関連する概念で、「平均よりかなり高い知的能力を持つこと」を意味しているが、医学的な定義は定まっていない。ギフテッドの定義は様々で、総合的な高い能力を示すことを基準とするものもあれば、他の分野の能力が劣っていたとしても特定の分野で発揮される高い能力を持つことを基準とするものもある。サヴァン症候群と呼ばれる「発達障害に伴う天才」は、後者に相当している。

１９７２年にアメリカ合衆国教育省が提出した、ギフテッド教育に関する初めての全国報告書であるマーランドレポートにおいては、「Gifted and talented children」とは「専門的な資格を持つ者が、卓越した能力によって高い業績を上げることができると認めた子供であり、これらの子供たちは、自己と社会への貢献を実現するために、通常の学校教育で提供される以上の差別化された教育プログラムとサービスを必要とする」と定義した。

そのうえで、ギフテッドの関連する領域として以下のものが挙げられた。

1. General intellectual ability（一般的な知的能力）
2. Specific academic ability（専門的な学術能力）
3. Creative or productive thinking（創造的・洞察的思考力）
4. Leadership ability（リーダーシップ能力）
5. Visual and performing arts（視覚芸術・舞台芸術）
6. Psychomotor ability（精神運動能力）

「精神症状」ではない

また全米小児ギフテッド協会によれば、ギフテッドは、以下のように定義されている。

「一つあるいは複数の分野でずば抜けた素質（論理的思考や学習能力）、あるいは、力量（上位10％以上の成績）を示す人である」。この定義には成人も含まれており、「あらゆる分野で能力が高い」という条件を外している点が注目される。

これまでの報告では、ギフテッドとみなされる個人はＡＳＤやＡＤＨＤの特性を持っていることが多いこと、他の精神疾患の併存が高率であることが指摘されているが、ジェームス・Ｔ・ウェブ（アメリカの心理学研究者）らは、ギフテッドの特徴そのものが「精神症状」であると誤診されているケースが少なくないことを指摘し、注意を促している。

現代社会のギフテッド――オードリー・タン

米国などにおいては、卓越した能力を持つ子供を積極的に見出そうとする試みが、行政的にも民間でも行われており、ギフテッドに対する教育もさかんである。その一方で、ギフテッドの枠組みに入ることのできなかった力を持つ個人は、社会的に不適応を来《きた》しやすいという報告もみられている。一方でギフテッドは、当人にとっても、家族にとっても、必ずしも幸福をもたらすものではないことは認識しておくべきである。その例として、台湾の天才、オードリー・タンを紹介したい。

現代の社会で活躍するギフテッドとして、台湾の天才オードリー・タンは代表的な人物である。台湾における初期のコロナ対策が成功したのは、台湾総統がオードリーを登用したことと関連が大きい。オードリーは台湾政府のＩＴ担当大臣に就任し、政府が市場のマスクをすべて買い上げて管理するコンピューターシステムを確立した。

オードリーは、元来はプログラマーで、会社経営者であった人物である。16歳でインターネット企業の立ち上げに参加し、その後はアップルの顧問に就任するなどIT業界の著名人であった。さらに、オードリーは2019年にアメリカの雑誌『フォーリン・ポリシー』において、世界の頭脳100人に選出されている。

オードリーが中心となって作成したマスクの計画的な生産と分配のシステムは、国民生活を厳密に管理するものであったが、台湾ではマスク不足になることはまったくなかった。IT担当大臣の「38歳の天才」オードリー・タンは、新たなアプリを作成し、マスク買い占めの防止策を徹底し、健康保険証の番号でマスクを買える日を指定し、購入履歴を管理した。さらにマスクマップのアプリを作り、マスクが買える店の位置や、その店の在庫状況や販売時間も一目瞭然にした。

優秀なプログラマーで、IT業界の寵児であったオードリーはIQが180とも言われているが、ASDの特徴が顕著にみられる。その学歴は中学校中退で、通常の学校には適応できず、9年間で3つの幼稚園と6つの小学校を転々とした。同級生からはいじめに遭い、学校のルールに従うことも難しかった。オードリーは幼稚園にもなじめなかったが、小学校ではさらに適応することが難しかった。何よりもオードリーのレベルが、教師のそれをすでに上回っていたので、小学校の先生は対処しきれなかったのである。

中学では優等生クラスに配属されたが、勉強ができるということで他の生徒からはいじめに遭い、教師も理解がなく体罰で応じることもあった。オードリーは毎日悪夢をみてうなされ、学校は休みがちになって家に閉じこもり、一人で泣いたり本を読んだりして過ごした。そしてとうとうまったく登校ができなくなった。家庭もやすらげる場所でなく、特に父とは言い争いを繰り返した。

ASDに特徴的な「マイルール」

しかし、台湾大学の数学者・朱教授との出会いが、オードリーの人生を劇的に変えた。朱教授は毎週2回オードリーを自分の研究室に招き、思いつくままにおしゃべりをし、SF作家で科学者でもあるアイザック・アシモフの本を紹介した。さらに朱教授の紹介で哲学研究所に通ったことが、彼を飛躍的に成長させた。

オードリーはASDに特徴的な「マイルール」をいろいろ持っている。25分間仕事するごとに5分間の休憩を取らないといけないし、毎日必ずメールボックスのメールを捨てて、

「To Doリスト」にやるべきことを残さない。また毎週決まった時間に、フランスの精神科医と45分間の対話を行っているなど、「こだわり」の特徴が濃厚である。

ギフテッドの影

これまで、発達障害の特性を持つ人々は科学や芸術に新しい光を吹き込み、社会を大きく変革してきた。「ネットの神童」で「無私の公僕」と呼ばれるオードリー・タンも、そういった天才の一人であるが、その歩みは平坦なものではなかった。これは他の多くのギフテッドにも共通していることが多い。ギフテッドが苦労なく活躍できる社会を形成するには、まだまだ多くの課題がある。

Neurodiversityの視点からみると、ギフテッドの人たちは、高機能であるが偏りが多く、何らかのサポートが必要となることがある。実際、高い能力を持った個人が学校生活、社会生活で安定した人生を送れるかというと、必ずしもうまくいかないことが多い。

その要因は様々であるが、基本的な考え方、ものの見方が周囲と異なるため、集団に受け入れられることが難しいこと、本人の能力や成果が周囲の嫉妬を招きやすいこと、本人の態度が不遜にみえることが多いことなどが原因として挙げられる。

阿部朋美らが著作（『ギフテッドの光と影　知能が高すぎて生きづらい人たち』朝日新聞出版）の中で紹介しているYさんは、小学生時代に算数オリンピックの全国大会に出場するほど理数系の才能を持ち、学校でも前例がない高ＩＱの生徒だった。しかし彼は周囲の子供とのずれをいつも感じていて、不登校になった時期もあった。私立の一貫校と大学時代は比較的自由に時間を過ごせたが、就職してからは困難の連続だった。

業務での成果は上げたが、社内での調整や人間関係が複雑な社風についていけなくなり、上司が思い描いている通りの行動をしないと怒られた。「自分はダメな人間なんだ。頭が悪いからわからないんだ」と考えて精神的に不安定となり、精神科を受診した。一時会社を休職し、その後転職もしたが、なかなか自分の考えが受け入れられないことを繰り返している。

集団内での能力発揮は容易ではない

これと同様のケースを、実際の外来でも経験している。あるＩＴ関係の会社員であるＦさんは高学歴のエリートである。しかし彼は子供のころから常に周囲とぶつかることを繰り返していた。自分が正しいと信じていることを主張しても、学校でも家でも「言っていることがおかしい」と否定されてしまうのだった。

国立大学の大学院を卒業し、就職したのが現在の会社だった。仕事はだれにも負けないつもりで、実際斬新な視点から成果を上げることができた。しかしFさんには、周囲との調整能力は欠けていて、自分のプランを根回しなく持ち出すため、たいていの上司からは煙たがられた。そのためFさんは、自分の実力を示そうと前のめりで仕事に取り組んだが、ついにはうつ病となり、休職しなければならなくなったのだった。

つまり能力のある個人、あるいはギフテッドが、集団の中で能力を発揮することは、必ずしも容易ではない。他国においても同様の問題はあると思えるが、同質性を重視する日本社会では特に顕著であると考えられる。

Neurodiversityと就労

成人期の発達障害の当事者の中には、就労の中で特に生活の困難さを感じ、うつ病や不安障害を示したり、失敗を繰り返したりすることによって、引きこもりなどに陥る例も存在している。こういった課題を解決していくには、就労の場となる産業界の理解や啓発が重要である。現在、わが国において障害者雇用の枠組みが整備されつつあるが、当事者においては、通常の雇用枠に従事しているものも多い。

一方で海外では、大手ＩＴ企業を中心に発達障害を持つ個人を積極的に雇用する取り組みが広まり、ＩＴエンジニアや情報セキュリティスペシャリストなどの高度な専門職として雇用しているケースもみられる。このような取り組みにおいては、Neurodiversityの考え方を積極的に取り入れているのである。

遅ればせながら、日本においても、障害者雇用にとどまらず、積極的に発達障害的な特性を持つ人物を採用する動きがみられている。この背景としては、通常の人材確保という意味合いに加えて、人材の「多様性」は、企業におけるイノベーションや生産性を向上させるという知見に基づいている。次の項目で述べるように、新しい企画や産業の創出には、過去にない視点が必要であり、ダイバーシティの推進が重要となる。

社会における多様性

イギリスのジャーナリストであるマシュー・サイドは、その著書『多様性の科学』（ディスカヴァー・トゥエンティワン）の中で、人間社会における多様性の重要性を指摘している。彼は、エスティ・ローダー、ヘンリー・フォード、イーロン・マスク、ウォルト・ディズニー、セルゲイ・ブリンという代表的な起業家の名を挙げ、彼らすべてが移民か移民の子供たちであることを指摘した。

サイドは、新しいイノベーションが移民から生じることが多い点について、彼らが「第三者のマインドセット（アウトサイダー・マインドセット）」を持っており、従来の特定の思考の枠組みから抜け出して、別の新たな角度からとらえる力を持っているからだと説明している。新規の事業における移民の活躍についても、Neurodiversityの観点からとらえることが可能である。

著明な科学者や芸術家において発達障害の特性を持つケースが多い点については、上記と同様に考えることができる。ＡＳＤの特性を持つものは、顕著な記憶力や独特のものの見方（視点）を持っていることがある。ＡＤＨＤの特性を持つものは、既成の枠組みにとらわれない大胆な発想や企画力を伴っていたりもする。このような「多様性」が新しい事実の発見や芸術の創造につながっていると考えられる。

「社会的不利」「医療的、行政的な見守りの必要性」の認識も

現代の社会は多様性に満ちているし、多様性を尊重することは、社会や企業を豊かにする

ものと肯定的にとらえられていることが多い。この点について、社会学者の岩渕功一は、以下のように指摘している。

「多様性をめぐる問題は『すべての差異を大切にする』といった心地いい『ハッピートーク』として語られがちになり、既存の差別構造に異議を申し立てたり、差別による格差と分断を問題視したりするのではなく、あたかもそうした問題はすでに解決されて、もはや存在していないような平等幻想を作り出すことに寄与する」『多様性との対話』（青弓社）

発達障害に関する多様性を検討する際においても、上記のような視点を常に持つことが重要であろう。Neurodiversityに関する多様性を受け入れ、それを活用することは意義あることであるが、同時に発達障害の持つ「社会的不利」や「医療的、行政的な見守りの必要性」についても、常に認識しておく必要があるのである。

第5章

ADHDは治せる

大部分は通常の社会生活を営んでいる

本章においては、ＡＤＨＤの治療と対応法について、当事者と会社側の視点から述べてみたい。繰り返しになるが、ＡＤＨＤは頻度の高い疾患であり、その有病率は人口の３〜４％という研究が多いが、これより高い数字も報告されている。

いずれにしろ、日本においては、常に４００万〜５００万人のＡＤＨＤの人が存在していることになる。そして、その大部分は、自分なりに工夫をしながら、通常の社会生活を営んでいるのである。

ＡＤＨＤの症状のために、家庭内の不和や仕事における不適応をはじめとする成人期特有の問題が認識されるようになったのは、比較的最近である。社会的な視線が現在ほど厳しくなかった時代においては、ＡＤＨＤ的な行動パターンへの許容度は高かったと考えられる。

わが国においては、発達障害者支援法が成立し、ＡＤＨＤ治療薬の成人期における使用が開始されたことなどにより、ＡＤＨＤを持つ人たちの社会生活における適応状態の改善はみられているが、現状では、十分な治療環境や支援体制が整っているとは言えない。

現在、精神科の外来を受診する成人期のＡＤＨＤ患者は、以下に大別される。

1. 小児期から問題行動が目立ち、治療歴や療育歴があるケース（受診を中断している者も多い）
2. 小児期から一定の不適応や問題行動はみられるが、大きな問題には至らず、大人になって初めてＡＤＨＤが疑われ来院するケース
3. 小児期からＡＤＨＤの軽度の特性は認めたが、学校での適応には問題はみられず、進学、就職、昇進などの社会的転機に伴い課題が表面化したケース
4. 抑うつ状態、不安など他の主訴で来院したが、ＡＤＨＤと診断されたケース

この中で１のタイプは全般に少なく、発達障害の専門外来では２と３、精神科の一般の外来では４のケースが多い。

「復活」のポテンシャル

受診する患者において、本人の特性の内容、程度、社会適応度など、その状態、症状の違いは多様である。受診者には、社会的な成功者、高学歴で専門的な職業に就いている人も珍

しくない。一方、学校では留年や中退、仕事においては転職を繰り返し、不安定な状況にいる人もしばしばみかける。

ここで興味深い点は、不登校などいったん不適応が強い状態になったケースにおいても、「復活」し一流大学に合格したり、きちんと就職する人が少なからずみられる点である。もちろん、こうした例においては、ベースの高い能力を発揮したにすぎない、という見方もできるし、本人の努力も重要な要素である。

臨床の現場では、中学、高校とほとんど引きこもりであった女性が一念発起して受験勉強をして、一流大学の経済学部に合格したことがあった（この人に投薬はしていない）。また何年も留年、休学を繰り返し、「大学に入ってから勉強したことがまったくない」と言っていた大学生が、投薬の助けも借りて短期間に卒業に必要な単位を取得して東証一部上場の優良企業に就職し、その後も問題なく仕事を継続している例もある。

実際にこのような人たちに接していると、ＡＤＨＤにはかなりのポテンシャルがあることが実感される。もっとも、逆に能力はありながらも、短期間で仕事を転々として、その結果、アルコールやギャンブルに依存してしまう人も少なからずみられるのも事実である。

このため、治療や支援のあり方としては、症状のみでなく各人の困り事、生活状況について十分に把握をし、各々のニーズに合わせた計画を立てることが必要である。症状が軽度で問題行動の目立たないケースでは、比較的社会適応の良好な例が多いので、職場環境の調整や投薬のみで改善する例が多い。

一方で、不適応の強いケースにおいては、上記に加えて障害者雇用や福祉機関の利用も含め、行政や支援機関と連携し支援を行うことが必要である。また、他の精神疾患を併存している例については、合併するうつ状態などの治療が優先されることが多い。

成人期ＡＤＨＤの治療方針

成人期ＡＤＨＤの治療の前提として、当事者本人が（Ａ）自分自身の行動特性を理解する、（Ｂ）行動特性を肯定的に受け止める、（Ｃ）行動特性の変化に立ち向かう意欲を持つ、以上の３点が重要である。

治療は学校や職場などの環境調整に加えて、薬物療法、認知行動療法などの心理社会的治療法を併用するのが基本方針とされている。ただし現実には、ＡＤＨＤに特化した心理社会的治療を行っている医療機関はわずかしかない。また精神科クリニックなどの診療機関では、時間的余裕がないため、十分に診断的な評価を行わないまま投薬のみを継続している例もしばしばみられている。

しかしながら、成人期のＡＤＨＤにおける治療においては、目の前にある問題のみならず、幼少期から特性を抱えていたために経験した数々の困難さや、それに基づく心理的な辛さについても幅広く把握する必要がある。

不注意、衝動性、多動性といったＡＤＨＤの特性は、学校や職場での失敗体験、叱責体験につながりやすい。小児期においては、「言うことを聞かない困った子供」とレッテルを貼られやすい。

特に衝動性による問題行動を起こしやすい者では、思春期・青年期に、「反抗挑戦症」「素行症」に進展し、「ＤＢＤマーチ（破壊的行動のマーチ）」の形を取ることや、逆に自責的となり、不安、抑うつが強くなって不登校や引きこもりの形を取ることもある。

青年期まで大きな問題なく成人期に受診に至った者においても、自らの特性のために何らかの「傷ついた体験」を抱えていることがあり、それが二次障害に関連している可能性に留意しておくべきである。

「心理教育」がまず必要

ＡＤＨＤの治療において、まず必要であるのが「心理教育」である。心理教育においては、疾患の症状、経過、治療などについて基本的な知識を医療スタッフが説明し、理解を促すこととなる。一部の当事者はすでに必要な知識を身につけているため、基本的な説明は不要なことがある。

もっとも、心理教育という特別なメニューを提供している医療機関は多くはないため、ほとんどの場合、外来の担当医がＡＤＨＤの特性について説明を行うことが一般的である。当然ながら、医師はＡＤＨＤについて豊富な治療経験を持つことが必要であるが、現状では必ずしもそうではない。

成人期のＡＤＨＤの場合、小児思春期の患者と比べると、多動性が生活上・職業上の問題に直結することは少なく、主に不注意・集中力の障害、衝動性と関連した問題が中心となる。

当事者が、これまでの不適応が自らの特性に基づくものであることに気づくことは、自己評価の回復のための大切なプロセスでもあるとともに、治療の第一歩である。しかし、ＡＤＨＤの人は自らを客観視することが困難であることが多いことに加えて、ＡＤＨＤの存在そのものを認められないことも少なくない。

診察場面では一般論よりも、実際に起きたエピソードから本人の特性に基づく困り事を具体的に抽出し、問題点と対策を話し合う作業を繰り返すことが必要である。

例えば、仕事や学校に繰り返して遅刻する人の場合、その原因を一緒に検討をする。その中で、「いつも夜更かししがち」「前日に次の日の用意をしていない」「朝の支度に時間がかかる」などのその人個人の問題点がはっきりしてくるので、対処方法が検討しやすくなる。注意の障害や、時間感覚の障害に関しては、スマートフォンのスケジューラー機能、アラーム機能の活用が推奨される。

家庭や職場における環境調整においては、空間配置や音響対策の工夫などにより、注意力を保ちやすい環境を作ることが重要である。このためには、配偶者・家族や、職場の上司・関係者などへの説明や協力の要請も、大事な要因である。

当然ながら上記のような対処方法の前提として、当事者本人が回復へのモチベーションを保つことが重要である。すぐれた対処方法を実践する場合においても、当事者の継続する意思が予後を左右する。後述するが、このような意味合いから、通常の外来治療や個人精神療法には限界がみられ、グループの力を利用した集団精神療法は効果的である。

過小評価される薬物療法

わが国では２０１２年にアトモキセチンが、２０１３年にメチルフェニデートが、それぞれ18歳以上での使用を承認され、成人期ＡＤＨＤの薬物療法が本格的に開始となった。さらに２０１９年には、グアンファシンも成人での使用について承認を得られた。

現在のところ、ＡＤＨＤに関して、わが国では小児用の治療ガイドラインしか存在せず、「薬物療法は心理社会的治療が効果不十分であることを確認したうえで、併せて実施すべき選択肢である」と記載されており、薬物療法の役割は限定的とされている。しかしこれは薬物療法を過小評価しており、投薬により見違えるような効果が得られる例も少なくない。海外では、例えば英国ＮＩＣＥガイドラインでは成人期ＡＤＨＤへの薬物療法は「第一選択」と明示されているのである。

ＡＤＨＤ治療薬は、ＡＤＨＤの特性をコントロールして日常生活や仕事での支障を減ずるための一助となるもので、生活調整薬的な意味合いを持っている。その意味合いは、統合失調症における抗精神病薬やうつ病における抗うつ薬などとは異なっている。

ＡＤＨＤの治療薬は、日常生活・職業生活での困難さの軽減に有効な治療法であるが、薬

ADHD治療薬の主な特性

	メチルフェニデート徐放剤	アトモキセチン	グアンファシン徐放剤
主な作用機序	ドパミン再取り込み阻害	ノルアドレナリン再取り込み阻害	α_2Aアドレナリン受容体刺激
効果発現	服用後速やか	投与開始から2週間	投与開始から1～2週間
効果の持続時間	12時間 オン・オフが明瞭	終日にわたり途切れることなく持続	終日にわたり途切れることなく持続

物の効果には大きな個人差がある。また、かなりの効果がみられても、副作用のために十分に投与できないこともある。

薬物の使用においては、本人の生活習慣や仕事などの環境の調整も重要である。患者本人が不規則な生活リズムを改めず、いつまでも夜更かしをしていたりするような場合には、薬物の投与を行っても、効果は十分でないことが多い。

成人期における薬物の比較研究はまだ少なく、薬剤間において、有効性、忍容性ともに明確な差を認めていない。現状では、即効性の効果が求められる場合はメチルフェニデート、24時間効果の持続が求められる場合、依存・乱用リスクの高い場合などは、アトモキセチンかグアンファシンを使用することが一般的である。またグアンファシンは、衝動性の改善に有効性が高いと指摘されている。

表には、現在本邦で使用可能なＡＤＨＤ治療薬について、主な特性を示した。

併存症が主訴のケース

これまで述べたように、不適応を繰り返してきた成人期ＡＤＨＤの人は、その結果として他の精神疾患を併発する確率が高い。併存症としては、うつ病、双極性障害、不安障害からアルコール・薬物依存に至るまで広範にわたっている。特に多いものは、うつ病と不安障害である。

臨床現場においては、ＡＤＨＤの自覚はなく二次障害に基づく症状を主訴に来院するケースも多く、一般の精神科診療の中でも相当数のＡＤＨＤが潜んでいるものと考えられる。したがって専門外来以外においても、ＡＤＨＤの併存の可能性を常に頭に置き、定型的な治療を行っても反応性に乏しい場合、併存の可能性を検証することが重要である。

ＡＤＨＤと職業選択

成人期のＡＤＨＤを治療、支援するうえで、就労は最も重要な課題である。これまでの研究においては、ＡＤＨＤにおいては、全体としてみれば、職業遂行能力の低さや職業的地位の低さ、雇用の不安定さ、欠勤日数の多さなどがみられることが報告されている。

しかし一方で、ＡＤＨＤの特性を持ちながらも社会の第一線で活躍している人も数多い。特に、医師や弁護士、イラストレーター、美術家、企業家などにおいて、ＡＤＨＤの頻度は高い。私の担当している人においても、上記のような専門職が多数みられている。それ以外にも、有名企業に勤務している人は多い。

ＡＤＨＤの研究が盛んな米国では、ＡＤＨＤが職業機能に影響を与えることへの認識が広まりつつあり、ＡＤＨＤの当事者の就労支援体制を構築することが積極的に行われている。日本においても同様の問題は認識され始め、発達障害全般への就労支援の充実が整備されつつある。しかしながら日本における支援はＡＳＤを対象としたものが多く、ＡＤＨＤに焦点をあてた対策は十分ではない。

この理由としては、前述したように、発達障害への関心がＡＳＤにバイアスがかかっていることに加えて、ASDと比較し、ADHDは比較的社会適応が良好なケースが多いことが挙げられる。

前述したように、ADHDの当事者の一部には、自分の特性をうまく生かして社会的に成功している例も散見される。あるいは成功とまではいかなくても、自分なりに対応策を工夫して問題を乗り切っている人は多い。

総じてADHDの人は、総合職的な事務職は苦手としている。一方で自由度の高い仕事で、本人の関心が強い内容についてはむしろ過剰なほど集中できることがある。このため、芸術的な分野の仕事で成功している人が多い。

もっともその一方で、ケアレスミスを繰り返し、集中力不足から仕事のパフォーマンスを低下させている人は少なくない。また、そういった仕事上の問題をきっかけに職場の人間関係を悪化させ、最終的に退職に追い込まれてしまうこともみかける。

そういった例では、転職を繰り返すこととなりがちである。さらになかなか不規則な生活のパターンを変えられずに不適応を繰り返して精神的に不安定となり、引きこもりに近い状態になってしまうこともみられ、注意が必要である。

ＡＤＨＤ専門プログラム

２０１３年から烏山病院では成人のＡＤＨＤに対する専門プログラムを開始し、不注意の問題や多動性、衝動性といったＡＤＨＤの症状に起因する困難さやそれに対する対処法をテーマとした集団精神療法を施行してきた。

この専門プログラムには約10名の当事者に加えて、通常は2名のスタッフが参加している。参加しているスタッフはＡＤＨＤに関する基本的知識について、教育的なレクチャー（心理教育）を行うとともに、グループの討論などで必要に応じてアドバイスを送っている。一回のセッションは3時間と長時間になるが、適宜休憩を入れながら施行している。

専門プログラムへの参加は担当医の指示で行っているが、参加するＡＤＨＤの当事者は、ある程度社会経験を持っているケースが多い。多くの例では、大学などを卒業して就労したものの、仕事の現場においてＡＤＨＤの特性のために不適応となることを繰り返した経験を持っている。

認知の癖を知る

プログラム内容について述べると、まずＡＤＨＤを正しく理解するための「心理教育」によってディスカッションを円滑にするための共通の認識、知識を得る。さらに心理教育においては、認知行動療法の考え方の理解や認知の癖（自動思考など）を知ることで、今まで陥りやすかった思考の悪循環を防ぐことができることを学ぶ。

さらに不注意、多動・衝動性に関する生活の困難さや対処法に関するメンバーのディスカッションを行うことにより、ストレスへの対処法などの経験を共有して対処法のバリエーションを増やすことによって不適応を防ぐことが可能となることを認識してもらうようにしている。

プログラムは、１クール12回で構成している。当初は不注意などＡＤＨＤ症状をテーマにしているが、参加者の多くが困難を感じている対人関係をテーマにしたプログラムも終盤に実施している。

このセッションでは、ＡＤＨＤ特性と対人関係の困難さとの関連についてディスカッションを行うが、衝動的な発言によるコミュニケーションのトラブルなどＡＤＨＤ特性がもたらす問題がある一方で、ＡＤＨＤ特性とは必ずしも関係しない対人関係の困難さも多いことを確認してもらうこととなる。

グループの凝集性が高まると仲間同士で支え合う

このように、個人個人に対する働きかけではなく、集団療法の形態で実施する目的は、似たような生きづらさを持つ者同士で体験を共有することで、孤立感が低減できることにある。多くの参加者にとって、この経験は貴重なものとなっている。

さらに自分にとっては当然の対処法が、他のメンバーにとっては新鮮であることも珍しくない。これらを共有することはお互いを助け合うことを意味し、自尊感情を満たしてくれるものとなる。

新たな対処法を生活に取り入れるためには、失敗も含めた繰り返しの試みが必要になるが、グループの凝集性が高まると仲間同士で支え合う様子がみられてくる。

似た特徴を持つ者同士の居心地の良さは、ＡＳＤを対象としたグループに参加した人からも聞かれたが、ＡＤＨＤのグループにおいても同様である。このようにグループの仲間との継続的な関係性の中で、客観的に自分の問題を把握する機会も増えて自己理解が深まっていくことが多い。

１回３時間のプログラムは多動・衝動性というＡＤＨＤの特性を考慮すると長いとも考え

られるが、メンバーは途中退席することなく参加できることが多い。むしろ、時間管理の難しさという特性から、開始時間に間に合わないことが多い。

このプログラムの前後の状態を検討すると、不注意症状を中心としたＡＤＨＤ症状が改善し、不安感が低下する傾向が示された。このような改善がみられた要因としては、自分と似た困難を持つ他者と出会い、孤立感が低減したことによる効果が大きいと思われる。

つまり、似たような特徴を持つ者が集まり、趣味や悩みを共有できることが、患者の不安や落ち込み、怒りの軽減につながっているのであろう。ＡＤＨＤの当事者は、不注意による失敗や対人関係の躓《つまず》きなどにより他者からの批判を受けたり、失敗経験を重ねたりすることが多く、それによって自分自身に対する否定的な気持ちが強くなりやすい。

プログラムを行う場であるデイケアでは、同じ悩みを持つ者が集まり、プログラムを遂行する場所を提供している。このようなグループ活動を繰り返すことにより、場所そのものが「心のよりどころ」になっていくのである。

仕事の困難さを示す6つのカテゴリー

２０１３年以降の約３年間に、このＡＤＨＤ専門プログラムに参加した人数は男性が89

ＡＤＨＤの仕事における困難さ

- 注意の問題に関連する困難さ
- 衝動性に関連する困難さ
- 多動性に関連する困難さ
- 対人関係に関連する困難さ
- 環境に関連する困難さ
- 情緒面に関連する困難さ

名、女性が56名の計１４５名であった。年齢は20代から40代が中心で、比較的若い年齢層が多かった。男性の平均年齢は32・7歳、女性の平均年齢は34・4歳であった。参加者の就労状況としては、就労群（就労継続支援、就労移行支援を含む）が62％、非就労群が38％であった。

参加者のグループディスカッションから、ＫＪ法を用いて成人期のＡＤＨＤが抱える仕事における困難さをまとめ、上の表に示す6つのカテゴリーに分類した。このように、成人期のＡＤＨＤの当事者が直面している仕事における困難さは多岐にわたっている。次に、カテゴリーごとに検討を行った。

不注意、集中力の障害という問題

ＡＤＨＤの中心的な症状である注意機能の障害は、就労上も多くの困難さを引き起こす。これは単に不注意でケアレスミスが多いということにとどまらず、記憶力の低下や業務遂行の低下につながりやすい。

注意機能の障害によって、長期的な仕事や、興味を持てない仕事、同じ作業を繰り返すような単調な仕事に取り組むことが困難になりやすい。例えば大事な会議中でも、興味がないと寝てしまうといった状況も起こっている。

また、会議などの多人数での討論場面では、注意のシフト、転換が上手にできないために、発言する人が多くテーマが拡散しやすいときにはしばしば混乱してしまい、話題についていけなくなってしまう。

この状況は、ＡＤＨＤの人が苦手とする「マルチタスク状況」に近いものがある。一つひとつは平易な業務であっても、一遍に処理をする必要がある場合、ＡＤＨＤでは混乱状態になりやすい。一方で、多人数ではなく一対一の討論場面ではあまり支障がないという人が多いようである。

計画的な仕事の遂行が困難に

不注意や集中力の障害は、記憶の問題にもつながりやすい。就労上も、仕事の手順を覚えられなかったり、別の指示を受けるともともと取り組んでいた仕事を忘れてしまったり、大事な約束を忘れてしまったりと、忘れっぽさが仕事に与える影響は大きい。

さらに、電話対応といった聴覚情報の記憶が苦手であることも多く、コールセンターの業務などにおいては、聞き漏れ、聞き違いなどが起こりやすい。業務上においても、口頭での指示が定着しないことが多く、上司から繰り返し叱責されやすい（このためしっかりメモをとることをすすめている）。

このような注意機能の障害や、それに伴う記憶の障害のために、計画的に仕事を遂行することが困難になりやすい。また、時間の管理が苦手で締め切りを守れなかったり、大事なミーティングの約束に間に合わなくなってしまったりするような状況も起こりやすい。

さらに、優先順位をつけるのが苦手なことも多く、注意が移りやすいことで目に入ったものに次々取り組んでしまい、優先されるべき仕事を達成できない、という事態につながることも起きる。

何よりも十分な睡眠をとること

注意、集中の問題はADHDにおける課題というだけでなく、一般の人にとっても重要な問題である。ADHDにおいては、ADHD治療薬がこの症状への有効性がかなり高いことは認識しておく必要がある。

投薬については否定的な意見を持っている人もしばしばみかけるが、症状を改善し、良好な社会適応を得るためには、重要な選択肢である。薬物療法の流れについては、症例において詳しく述べる。

また、ADHDの人も常時不注意というわけではないことは知っておくべきである。睡眠不足など体調がよくないときや、業務がオーバーワークの際など、特に「注意、集中」の問題が起こりやすい。一方で、特定の事柄については、逆に過剰な集中力が働くこともみられている。

不注意、集中力の改善のために予防的な対策としては、昼夜のリズムを安定したものとし、十分な睡眠をとることが何よりも重要である。就寝時間が遅い場合、十分に睡眠時間をとっても睡眠の質が悪くなりやすい。良好な睡眠を得ることは最も基本的な対策であるが、実際はつい夜更かしをしてしまうという人が多く、なかなか守れていないことが多い。

仕事の業務の内容、分量は、現実の職場においては、必ずしも自分でコントロールできない面が多い。ただし日ごろから、込み入った時間のかかる案件は先送りにしないで、早めに準備をする習慣をつけること、周囲の同僚との協力関係を作っておくことは重要である。

中でも、ＡＤＨＤの特性のある人は、多数の案件を同時に抱えた状態である「マルチタスク」状況が苦手なことが多い。一つひとつは容易な案件でも、多くの仕事が同時に重なると混乱して、どれも中途半端になりやすい。この対策としては、課題の一覧を作成するとともに、中途で別の課題に取り組む場合には、前の課題がどこまで進行したかはっきりさせておくことが重要である。

本当に必要な物は常に手元に置いておく

多くのＡＤＨＤの人が困っている点として挙げるものに「必要な物を忘れる」「大事な書類などをどこに置いたのかわからなくなる」といったことがある。

こうした場合の対応策としては、本当に必要な物はすべて手元に置いておくか、常に持ち歩くようにすることである。あるＡＤＨＤの会社員の女性は、彼女の必須アイテム（ＵＳＢ

メモリー、スマホ、印鑑、ペン、手帳、鍵など）を小さなバッグに入れて「バックインバック」として扱い、どんな場合でも必ずそれを持ち歩いていた。さらに彼女は、常にその中身に不足がないか確認をしていた。

また、あるＡＤＨＤの研究者の話になるが、彼は当面の研究や論文の作成に必要な文献類などをすべて束にして持ち歩いていた。大荷物にはなるため、ＰＤＦにすれば便利ではないかと思うが、彼によれば、必要な物を一括管理ができ、一瞬で文献の内容を確認するには紙の資料がすぐれているという。

このように必要と思われる物を常に持ち歩くことは、不注意による忘れ物、なくし物を防ぐ有力な手段である。通院している患者の話でときどき聞くのは、小学生のころ忘れ物が多いので毎日すべての教科書をかばんに入れていたというエピソードである。賛否はあるだろうが、これも一つの対応策である。

スマホより紙のメモ帳の方が安心

一方、複数の場所で定期的に仕事をするような場合においては、そのおのおのの場所に、必要なアイテムのセット（仕事の資料、参考図書など）をそろえておくという方法もある。いちいち資料などを持ち歩くと、置き忘れや紛失が起こりやすいからである。

不注意を補う手段として重要であるのが、メモの活用である。多くの当事者は手書きかスマホなどのメモを利用していることであろう。仕事の現場では、上司の指示などについて、その場で聞いてわかったと思っても記憶に定着しないことがよくある。

メモ帳の利用にあたっては、まずともかく一つの「メモ帳」に書き込むことが重要である。どちらかと言うと、スマホなどのメディアよりも、紙のメモ帳の方が安心である。というのはスマホを取り出して電源を入れている間に、記憶の一部が薄れてしまうこともあるからだ。

さらに、きれいな字でメモを書く必要はないが、少なくともあとで振り返って読める字であることは重要である。メモ帳は小型で持ち歩けるものが望ましい。

衝動性の問題

衝動性は、ＡＤＨＤの中心的な症状である。仕事の現場においては、自らの衝動性によって不利な事態を引き起こすことがある。仕事の進め方については、衝動性から次々と新しい仕事を始めてしまうことで、気がついたら多くの仕事を抱えて処理できなくなってしまうことがある。あるいは本来すべき業務をなおざりにして、他のことに夢中になってしまうことも起こりやすい。

また、衝動的な行動パターンは周囲のペースに合わず、職場内での孤立につながりかねない。同僚や上司から「勝手に仕事をする人、協調性がない人」とみなされやすい。

またよくみられる問題として、衝動的な失言や、相手の話に割り込んで思いついたことをすぐ口に出すことで相手に不快な思いをさせてしまったり、感情のコントロールの難しさから怒りを抑えられず相手にぶつけてしまい、職場の対人トラブルに発展してしまったりすることも指摘されている。

さらにＡＤＨＤの人の衝動性は、様々な問題行動につながりやすい。一つには、アルコールや薬物、さらにはギャンブルなどの依存症につながることがある。また多額の金銭を衝動的に使ってしまうことも多いので、注意が必要である。いわゆる「買い物依存症」がみられることもまれではない。

多動の問題

成人における多動は、小児の場合よりも、一見わかりにくい。これは、成人のケースでは、ある程度多動についてコントロールしようとしていることが多いからである。

多動の表れとしては、職場でデスクの前にずっと座っていられずフロアを落ち着きなく歩いているようなことがみられる。また、長時間の会議中じっと座っていることに耐え難くそわそわしてしまい、周りを落ち着かない気持ちにさせてしまうこともある。

また、多動性からくる貧乏ゆすりや、足を頻繁に組み替えるといった行動が、他者には「落ち着きがない人」や「態度が大きい人」とネガティブな印象を与えてしまうことにもつながりやすい。

加えてつい話しすぎてしまうことも、衝動性とも関連するが、多動から由来する問題として挙げられる。これは思考が多動で考えが止まらず、気持ちが変動して常に頭の中が忙しいといった内面的な多動が影響していると考えられる。

多動の特性を持つＡＤＨＤの当事者は、ずっとデスクの前から離れられない事務職よりも、あちこち回っていく必要のある営業職が性に合っている（さらに初対面の人へのアプローチもあまり苦にしないことが多い）。

衝動性、多動に対する対策

不注意症状と同様に、衝動性、多動についても、ＡＤＨＤ治療薬は有効である。現在使用可能な薬剤の中では、グアンファシンがこの点について効果が大きいという報告がみられている。

これまでに示したように、仕事の場面で多動が問題となることは比較的少ない。多くの当事者は、社会人として多動症状が表面に出ないように振る舞っていることが多い。

一方で、衝動性の問題については、あまり本人が自覚していないことが多い。特に日常場面における衝動に基づく行動については、それと認識することが難しいことがある。

例えば会社での同僚、上司とのやり取りにおいて、「相手の話を聞かないで、一方的に自分の意見を述べる」「多くの人のいる場面においても、かまわず相手の間違いを指摘する」「相手が話しているのにもかかわらず、相手の話にかぶせて話す」といった行為には、衝動性の関与が大きいので、自覚を促すことが必要である。

上司や同僚の間違いを指摘することは避けよ

こういった行動を取る場合、本人は悪気なく、思うがままに自然に行っている場合が多いが、よかれと思ったことが、本人にとってマイナスに働くことがたびたびある。この点は、次の「対人関係」の項目との関連も大きいが、日本の多くの会社では、若手の社員の自由な発言を好まないことが多い。

いまだに「若いものは黙って言うことを聞け」、というのが暗黙のスタンスであることが多く、上司の発言を遮って意見を言うようなことは、かなりのマイナス点となる。

さらに多くの人の面前で上司や同僚の間違いを指摘することは、たとえその意図に悪意はなかったとしても、彼らを貶《おとし》める行為でもあるわけで、社内の人間関係を考えるならばできるだけ避けなければならない。

このため、私は若いＡＤＨＤの当事者には、会社の中では、できるだけ発言をしないようにアドバイスをすることもある。反論もあるだろうが、どうしても言いたいことがあれば、後で個人的に伝えるのが正解である。

対人関係の問題

ＡＤＨＤの症状は、仕事の能力だけではなく、職場の対人関係にも困難さをもたらすことがある。ＡＤＨＤでは、不注意症状によって、人の感情の読み取りや社会的な合図の理解が難しいことが指摘されている。

さらに衝動性・多動性からくる特有の行動により他者と距離ができてしまったり、ＡＤＨＤに起因するコミュニケーションのミスや見落としがあったりするため、対人関係に苦労している者は少なくない。

またＡＤＨＤに特有の率直さや衝動性によって、過剰に話しすぎてしまうことで、対人関係を悪化させてしまうことも起こりうる。話しすぎて、つい「一言多い」傾向は、一般の人にもありうるが、多くの当事者にみられる。

本来、多くのＡＤＨＤの人は、フレンドリーで対人関係を苦手としないことが多い。初対面でもすぐに友人になれたりしやすいが、一部においては、上記のような問題によって対人関係のトラブルを繰り返すことにより、対人関係を避けるようになる例もみられている。

実際、小学校の高学年までは活発で友人も多かったというＡＤＨＤの人が、中学、高校時代に友達関係で失敗したことをきっかけに孤立化し、時には引きこもりに近い状態になった例もみられている。

このような場合、表面的には対人関係の問題が主要な課題であり、横断的な症状からＡＳＤなどと誤って診断されることも起こりやすい。

対人関係と不注意症状

職場で問題になるＡＤＨＤの対人関係の障害については、ＡＳＤなどでみられる本来の対人関係が不得手というよりも、これまでに述べたようにＡＤＨＤの症状に起因する場合が多い。

第一に、これと関連するのが不注意症状である。ＡＤＨＤではケアレスミスや聞き逃しが多いため、業務の遂行に支障を来しやすく、重大なミスを生じることによって、職場の周囲との関係を悪化させやすい。

この点については、まさに不注意症状への対処が必要となる。生活リズム、生活習慣を整え、さらにメモの活用などによりミスを減らすとともに、服薬による改善が必要な例もみられる。

「茶番」に従うことが重要

二点目としては、衝動性によるものである。衝動的な言動や行動パターン、あるいは上司に対するもの言いや態度などによって、「生意気な人物」とレッテル貼りをされてしまうことも少なくないし、決定的な対立を生んでしまうこともみられている。

この点についても服薬の効果はあるが、まず自らをかえりみて行動を抑制する必要性を認識することが重要である。前述したように「会社の中で目立つ言動をしない、一方的な発言をしない」ように注意することによって、社内の評価は変わってくると考えられる。

仕事においては、会社という組織の中では、その会社の「風土」に合った振る舞いが求められること、会社の中では多くの場合、上司を含む他の社員のメンツを考えた言動が求められるのである。

職場のしきたりの多くは「茶番」であり、客観的にみれば重要な意味はないものがほとんどである。けれども組織の一員でありたいならば、そのしきたりに従うことが重要である。

毎朝のラジオ体操や一分間スピーチ、あるいは定期的にある歓送迎会や宴会について「くだらない、時間の無駄」と思っていても、それに臨んでは「喜んで、一生懸命」参加しているように振る舞う必要がある。

事前に必ず関係者に話を通す

また、新しい仕事の企画を始めるときや、他の部署などに仕事の協力をお願いするときには、事前に必ず関係者に話を通しておかないといけない。これも一種のしきたりである。そうしておかないと、話を聞いていないことで「メンツ」を失った年長者や役職者から、いわれのない妨害をされかねない。

こういった暗黙のルールを、ADHDの当事者は見逃しがちで、あるいは気づいていても無視する傾向があり、「空気が読めない」と言われることもある。しかし彼らは、本質的にこういったルールが理解できないわけではない。

むしろ彼らは、意識的に「空気」を読もうとはしていないことが多い。それよりもADHDの人は、自分の意見を押し通そうとする傾向が強い。そういった行動は大きな成功をもたらすこともあるが、たいていの場合、どこかで足元をすくわれ、必要な情報を遮断されたりして失敗に終わることが多いため、感情的に我慢できないことも多いだろうが、注意をしないといけない。

職場環境——座席の配置など工夫を

一般に感覚過敏はASDによくみられる症状であるが、ADHDにおいても珍しくはない。職場環境について、感覚過敏を訴えるADHDの人においては、蛍光灯の光や空調の音といった刺激が強く響いて体験されていることもみられる。

注意機能の障害により、周囲の雑談を聞こうとしてなくても頭に入ってきて集中が途切れてしまう場合や、隣の同僚の動きで気が散ってしまうなど、職場環境における刺激が就労上の困難さにつながっている場合もあり、このような「撹乱《かくらん》されやすさ」が作業効率を落としているケースもみられる。

このようなケースにおいては、座席の配置などの工夫により、一定程度の改善が認められる場合もみられるので、上司などに相談してみることが必要である。

仕事上の成功体験を重ねる

ＡＤＨＤと不安障害の併存については多く報告されているが、烏山病院における調査においても、成人期のＡＤＨＤの当事者が強い不安を抱えやすいことが示されている。

ＡＤＨＤにおいては、過去の失敗経験から同じ失敗を繰り返してしまうのではないかと不安を抱きやすく、ミスをしたのではないかと必要以上に繰り返し確認してしまったり、パニックになりやすかったりする例がみられる。また本来の特性であるが、感情のブレが大きく、不安定になりやすい傾向を示すことが多い。

失敗経験と叱責経験の積み重ねから、どうせ自分にはできないという思いは意欲の低下や無力感にもつながり、対人関係や新たなことに取り組むことを避けて引きこもってしまう場合もみられている。

本格的な不安障害やうつ病の症状が持続する場合は、まずそれらの治療が必要となる。自信のなさについては、仕事上の成功体験を重ね、就労を長期に継続することが重要である。そのためにはある程度、本人の特性にマッチし、興味を持てる仕事につくことが望ましい。

様々な就労支援の制度が発足

発達障害者支援法が施行されて10年以上が経過し、2016年には「障害者差別解消法」の施行、2018年には法定雇用率の算定に精神障害者が加えられるなど、発達障害者の社会参加を支える仕組みができつつあり、発達障害に対する様々な就労支援の制度が発足している。

しかしながら、ADHDに特化した就労支援については、ADHD研究が盛んな米国を中心に各国で就労支援体制の充実が急がれているが、いまだ模索段階であり、確定的な指針は得られていない。

日本においても、ＡＤＨＤに特化した就労支援はまだこれからの状況である。日本の社会的背景として、ＡＤＨＤそのものやＡＤＨＤにおける就労上の困難さに対する認知度の低さがあり、ＡＤＨＤの人の就労上の困難さに関する理解を広めていくことが必要である。

ＡＤＨＤの就労支援を行っていくうえで、就労移行支援事業といった既存の就労支援制度が果たす役割は大きいが、医療機関もＡＤＨＤの就労を支えるうえで重要な役割を果たしている。ＡＤＨＤの就労を支えるうえで、精神科外来やデイケアといった医療の場において①薬物療法、②自己理解を促すサポート、③対処スキル獲得へのサポート、④周囲の理解を促すサポートを提供することが求められている。

診断がついて安堵する者は多い

ＡＤＨＤの治療においては薬物療法が中核症状の軽減に効果を持つことは明らかで、就労上の困難さが軽減される可能性がある。一方で、薬物療法は多様なＡＤＨＤに起因する困難さに対する万能薬ではないため、個人の努力がない場合、投薬の効果は限定的である。例えば常に寝不足の当事者が服薬をしても、十分な効果は得られない。

成人するまで診断や援助が受けられなかったＡＤＨＤの人は、失敗の繰り返しや対人関係上の失敗、家族内の葛藤、不登校、退学といったことにより情緒的なダメージを負っていることがある。

烏山病院で支援しているADHDの当事者でも、周囲がADHDを理解しにくいことで「努力不足、性格の問題、言い訳」と叱責されることが重なり、「自分は何をやってもできない」という思いが強く、無力感を抱えている者は少なくない。

このような場合、ADHDという診断がついて、本人が抱える困難さや周囲の困惑にADHDが関連していることが明らかになり、安堵《あんど》する者は多い。就労においては、どのような点において問題が発生しやすいのかを治療者が説明し、それに対する対処法を身につけるよう支援することが必要となる。

書店員のケース

真野智子さんは、都内の中堅私立大学を卒業してから、大型書店でのアルバイトを続けていた。これまでに、正社員として働いた経験はない。

子供のころから、性格的にはおとなしい半面、不注意が目立つ傾向があった。学校では忘れ物が多く、人の話をよく聞いていないと何度も指摘された。小学校でも中学でも、宿題を忘れて先生から怒られたことを記憶している。大学では単位がきちんと取れずに、１年留年をした。

仕事をしてからも、ケアレスミスが頻繁だった。仕事のスピードが遅く、注意されたり失敗したりするとすぐにパニックになった。真野さんは、会社において自分に対する扱いがだんだんと悪くなっていくことを感じ、周囲に迷惑をかけるのがいやになって、自分から仕事をやめた。

発達障害の専門外来を受診した真野さんは、ＡＤＨＤと診断された。ＡＤＨＤの治療薬を投与されるとともに、ＡＤＨＤのグループ療法にも参加した。このとき真野さんは、自分の問題点と周囲への希望を以下のように述べている。ＡＤＨＤの人の仕事における問題点がよく述べられているので、本人の言葉に沿って記載したい。

【記憶】

- 記憶していられる時間が短い。
- 思い出すのが難しく、時間がかかる。
- たくさんの情報が浮かんでしまい、混乱する。

・記憶に自信がないので、相手に確認したいことが多い。

【混乱】

・自分の気持ちを把握し、整理するのに時間がかかる。
・感情表現がうまくいかない。
・状況を把握するのに、時間がかかる。
・混乱して、身動きがとれなくなる。
・指示をされるとき、何をいつまでにどこまですればいいのか明確になっているとわかりやすい。
・「会話がかみ合わない、聞き取ってもらえない」とすごくストレスを感じる。

【マルチタスク】

・迷ったときに、気が散りやすい。
・臨機応変な対応を求められるような仕事は避けたい。
・マルチタスクの切り分けは、一緒にしてほしい。

【予想外のことへの対応】

・いきなり情報が変化すると対応しにくい。
・突然話しかけられると、反応するのが遅れる。
・一度にたくさんのことを言わないでほしい。
・状況の変化にすぐについていけない。

【聴覚情報】

・いきなり話しかけられると、聞き取れない。
・音は聞き取れても、話の内容を聞き取ることが苦手。
・話しかけますよというサインがあれば、聞く態勢に入る余裕ができる。

【視覚刺激】

・目でみた情報に対して、認識するのに時間がかかる。
・視線のピントをうまく合わせられない。
・たくさんある情報から自分のみたい情報をみつけ出すのが苦手。

・全体像をとらえるのが苦手で、一点を集中してみようとする。
・みている部分の細部はみえるが、周囲がみえなくなる。

【感覚過敏など】

・暑い、寒いに敏感。
・風があたる、触れられるのが苦手。
・人が近くにいるのが苦手。
・椅子を引きずる音、無造作な音、予測できない音などが苦手。
・信号待ち、座ったままじっとしているのが苦手。

【情報過多の状況】

・刺激の多い場所で話そうとすると、言いたいことを忘れる、相手の話が入ってこない。
・複数の会話が聞こえると、作業などに集中できない。
・一度にたくさんのことを言われると、混乱する。
・電話で話すのが苦手。

・一対一や少人数だと話しやすい。
・会話のとき、視覚情報を少なくするため、うつむくことが多い。

【注意、集中】
・集中するには、エネルギーが必要。
・やろうとしたことがうまくいかないと、気が散りやすい。
・予想外のことが起こると気が散りやすい。
・急な仕事を任せるのは避けてほしい。
・話を聞いている最中、ところどころ意識が飛ぶ。
・作業を中断したとき、もどって続けるまでに時間がかかる。

病院に厄介払いされた

このように、真野さんにはＡＤＨＤの典型的な不注意症状が認められることに加えて、感覚過敏の特徴も示していた。前述したように、成人期のＡＤＨＤにおいて、仕事の場面で問題になるのは、多くの場合、不注意と衝動性である。多動の頻度は少ない。

中でも不注意症状は、実務において最も問題となる。不注意や集中が続かないため、ミスが多く、またそのために作業のスピードも遅くなる。こういった点は、本人の知的能力が高い場合にもみられる。

真野さんは以前に通院していた病院で、ＡＤＨＤの治療薬が処方され、これには一定の効果がみられていた。服薬によって集中力ややる気が出て、作業をしているときのミスが減ったのである。

ところが担当の医師に仕事上や生活上の問題点を相談しようとしたら、医師が怒り出したのだという。「ここではそういう相談はできない。この病院の方針に従えないなら来ないでほしい」と診療を断られてしまった。

その理由はよくわからないが、医師の側としては、診療時間が長くなることが嫌だったからかもしれないし、あるいは、生活上の問題についてどのように対処したらよいのか知識がなかったからかもしれない。真野さんは、ある意味厄介払いされたのだったが、このような病院の対応は不誠実であり、あってはならないものであることは言うまでもない。しかし現実にはここまではっきりした物言いではないものの、やんわりと断られることは多いようである。

仕事が継続しやすい障害者雇用の活用

真野さんは、専門外来を受診後、デイケアの集団プログラムに参加した。ここで彼女はADHDに関する一般的な知識を身につけるとともに、他の当事者から様々な意見を聞くことができた。生活上の困難なことに対する具体的な対処方法について、話し合うことは有用だった。

グループには積極的に参加し、発言は控えめだったが、周囲の話によく反応をしていた。「毎日の生活の記録をつけることで、夜更かしをした次の日は調子がよくないことに気がついた」などと自分のことについて話せるようになった。

真野さんはデイケアの利用を開始してから、約半年後、障害者雇用により就職が決まった。職場は、大手の金融機関の事務センターだった。当初は短時間勤務から開始し、朝9時に始業、午後3時に終了した。そのような時短勤務でも、かなりの疲労感があった。だが、次第にそれにも慣れて、３か月後には午後5時まで延長ができた。

業務の内容はデータの入力やリスト作成などで、真野さんにとっては特に負担になるものはなかった。ただ周囲の音が気になって仕事に集中できないことがあり、上司に相談して席を変えることで対応してもらえた。現在まで就職してから2年余り経過しているが、順調に仕事をこなせている。

このように障害者雇用を用いると、事業所にもよるが、本人の苦手な点についてある程度周囲が配慮してくれることが多いので、仕事が継続しやすい場合が多い。もっとも、障害者雇用を選択するかどうかは本人の判断によるものであり、導入の難しいケースがみられることは確かである。

雇用者の視点――長所を上手に活用する

ＡＤＨＤを持つ従業員に対する対応の仕方は、重要な職場の問題になっている。しかしながら、この問題には他の精神疾患の場合と同様に、微妙な問題が存在している。

第一に、職場に何らかの配慮を求める場合、就労している本人がＡＤＨＤであることを明らかにする必要があるが、障害者雇用の場合と自己申告しているケースを除けば、明確な診断についての情報を得ることは難しい。実際には、そもそも病院に受診に至らず正確な診断がついていない例や、受診をしていても、「不安」や「うつ」が主な訴えで、ＡＤＨＤに関する相談がされていない例も多い。

上司や雇用主がＡＤＨＤに関する知識があり、本人の様々な問題をＡＤＨＤの症状によるものと判断できる場合もあるかもしれない。しかしその点を本人に伝えるべきか、あるいはどのように伝えるのがよいか十分に検討する必要がある。

本人がＡＤＨＤについて自覚している場合はある一方で、思いもよらない指摘によって強いショックを感じることもあれば、さらには自分を「病気」であると決めつけている、と怒りの感情を示すかもしれない。

職場が一定の規模の会社であれば、上司が一方的に告げるのではなく、まず会社の産業医に依頼をするのが適切であろう。もっとも産業医の多くは精神科医ではなく、精神科医であってもＡＤＨＤに詳しくないことも多いため、方針が決まるまで時間がかかることもあると思われる。

社員が自らＡＤＨＤを持っていることに納得し、専門医からも診断された場合には、会社側はその症状の程度に応じて、仕事における配慮をすることが求められる。この場合、その個人の状況に応じて、業務量、業務の内容、職場の環境調整など対応は様々となる。

こういった対応において、ＡＤＨＤの特性は、過剰集中の傾向や創造的なアイデアが豊富である点などにおいて業務上有利に働くこともあり、「長所を上手に活用する」といった視点を持つことが望ましい。

第6章

ASDを治す

変え難い「信念」

ＡＳＤにおいても、ＡＤＨＤと同様に、就職し仕事を継続するにあたっては、何よりも自らの特性を十分に理解することが重要である。けれども、この点はＡＳＤの当事者にとっては、ＡＤＨＤの場合よりも難しいことが多い。その結果、全体としてみると、ＡＳＤの人においてはＡＤＨＤよりも不適応を示す割合が多い。

元来のＡＳＤの人は対人関係やコミュニケーションを苦手にしていて、周囲の人への関心が少ないことが多い。また一定の対人関係を構築できる人においても、いわゆる「空気を読む」─「場の雰囲気に従って行動する」ことは苦手で、周囲から浮いてしまうことがたびたびみられる。

またＡＳＤにおいては、物事への特有のこだわりが仕事においても認められ、職場の状況に応じて柔軟に対処することが難しい。決められた仕事はしっかりこなせる人においても、急な対応や仕事内容の変更に対しては混乱しパニック状態となることもある。

ＡＳＤの基本的な症状は、①「対人関係、コミュニケーションの障害」と、②「こだわりの強さ（興味や関心の偏り）」である。①については雑誌やテレビ番組などで強調されることが多く、一般の人にも浸透しているが、②については医療関係者においても十分に認識されていないことがしばしばみられている。

ＡＳＤの人はどうしても、自分の「やり方」に固執し、それを変更することに頑強に抵抗する傾向が大きい。この「こだわりの強さ」は、ケースによっては「信念」というようなものにまでなっていて、なかなか変えることが難しい。

割り切って業務を行うのが苦手

仕事の内容について考えてみれば、ＡＳＤの人は、その場に応じた対人交流が求められる業種や作業は不得意で、そのような職種を担当することは望ましくない。一般的には、定型的で変化の少ない業務が向いていることが多い。またＡＳＤにおいては、業務をしっかり間違いなく遂行しようとする気持ちが強いため、休憩もとらずにオーバーワークになりやすい。

これは一般の人においても同様であるが、仕事の現場において最終的に評価の対象になるのは、標準的なレベルのパフォーマンスが得られているかという点と、業務に真剣に取り組んでいるかという点である。

個人の評価においては、実は診断名も、学歴も、知的能力も必ずしも重要ではない。仕事がこなせればよいのである。能力のある個人においても、自分の業務に疑問を持って指示に従わなかったり、真面目に取り組まなかったりする場合には、低い評価しか得られない。ASDの人においては「割り切って業務を行う」ことが苦手で、仕事の内容に疑問を持ってしまうと、仕事そのものがおろそかになるため、注意が必要である。

「どうして急に仕事の内容が変わったんだ？」

次に示すのは、あるASDの男性の経過である。Tさんは中堅の私立大学卒で、理解力もよく、一般的な事務作業であれば標準以上の能力を持っていた。しかし、彼には独特のこだわりがあり、そのために職場に適応できないことを繰り返した。

何よりもTさんは、自分に与えられた業務が明確に決められていないと、我慢できないことが多かった。あるときTさんは上司からAという業務を割り当てられていた。ところがその日の朝になって、急ぎの仕事が入ったのでBの仕事をしてほしいと依頼された。

この業務の変更に対して、Tさんは強い憤りと怒りを感じた。さらにBの仕事の内容に曖昧な部分があったため、彼は爆発してしまった。「どうして急に仕事の内容が変わったたんだ？　どうしても違う仕事を割り当てたいなら、もっとしっかり内容をつめてほしい」と訴えたのである。

こういった仕事の内容の変更は、多くの職場で日常的にみられることである。しかし、そのような状況にＡＳＤの人はなかなかうまく対応できない。状況の変化にとまどい、自分なりに決めたルールが崩されてしまうために、パニックになったり、激しく憤ったりするのである。

この章では、このようなＡＳＤの人の特性についての治療的な対応と、就労における課題について述べていきたい。

ＡＳＤの多様性

ＡＳＤは、ＡＤＨＤよりも知的機能に大きな幅がある。古典的な自閉症においては知的障害を伴うことが多いのに対して、いわゆるアスペルガー症候群においては、知的機能は正常かそれ以上のこともまれではない。

また生活状況についても、生活破綻を来しているような重篤なケースもあれば、社会的な引きこもりの状態や、自宅において一定の日常生活は送っているが、就労は困難な状態まで様々である。

このため、医療などで対応すべき問題点も個人ごとに違いが大きいため、臨床的な状態を把握し、本人や家族が希望する支援の内容、最終的な到達目標などについて、個別に検討していく必要がある。

法的基盤や行政の対応は改善へ

近年、発達障害に関して行政における法整備は進みつつある。2005年に施行された「発達障害者支援法」により、「発達障害者支援センター」が各自治体に置かれ、当事者やその家族に相談支援、就労支援や情報提供が行われるようになった。

2016年6月の同法の改正では、就労定着に対する支援、発達障害者支援地域協議会の設立、発達障害者支援センターによる発達障害者地域支援マネジャーの設置などの項目が追加された。また同時期に、「障害者に対する差別の禁止及び合理的配慮の提供」も義務化され、診断から就労まで、従来よりも手厚い支援が受けられるように変わりつつある。

現状では制度の整備について不十分な面があり、現場における対応はまちまちであるが、ASDを中心とした成人期の発達障害について、法的な基盤や行政の対応は改善されつつある。

ＡＳＤの薬物療法――漫然と使用しないこと

成人期のＡＳＤに対する治療は、大きく薬物療法と非薬物療法に分けられる。非薬物療法には、通常の精神療法（個人精神療法、集団精神療法）、心理社会的療法、リハビリテーションなどがある。

薬物療法を行うのは、精神症状のために生活機能が大きく障害されている時期である。不安や抑うつ、焦燥感、興奮、易怒性《いどせい》、衝動性、強迫症状などに対して投薬されることが一般的である。

ただし、薬物療法は対症療法であり、ＡＳＤの基本的な症状である「対人関係の障害」などに有効な治療薬は存在していない。このため投薬は原則として最低限とし、効果がなければ漫然と使用しないことが推奨されている。

症状別には、不注意、多動・衝動性といったＡＤＨＤの関連症状にはＡＤＨＤ治療薬が有効なことがあるが、ＡＤＨＤが主診断の症例よりも有効性は低い。反復的な行動障害や強迫症状、フラッシュバックには、選択的セロトニン再取り込み阻害薬（ＳＳＲＩ）などの抗うつ薬が有効である。

焦燥感や自傷、興奮などの症状に対しては、抗精神病薬を投与することが多い。また不安、抑うつ状態は、頻繁にみられる併存症である。この場合は、不安障害、うつ病の場合と同様に、抗不安薬、抗うつ薬を中心に投薬を行う。

非薬物療法——人に慣れる

薬物療法によって精神症状が改善すれば、家庭内での生活は概《おおむ》ね問題なく送ることができるようになるが、他者との交流を回避し家庭内にこもる「社会的引きこもり」の状態となるケースも多い。このため、就学や就労を含めた実際の社会参加への橋渡しを行う必要がある。

この場合、主となるのは非薬物療法である。もっとも、ASDは社会性の障害が幼少期から存在しているため、改善にはかなりの根気と時間を要する。認知行動療法やSST（社会生活技能訓練）も一定の有効性はあるが、社会復帰に至るには難しい。

そのため社会参加に向けての治療は、個別的な指導に加え、集団的な治療も併用しながら、本人に適した支援を検討していく。このような集団場面による治療法として、集団精神療法、デイケア、作業療法などが行われている。これらはASDに特化したものでなくても、「人に慣れる」ことを契機に、社会的な引きこもりから回復することに有用である。

集団場面において複数のＡＳＤ患者が参加していれば、疎外感の解消や障害特性の共有、他者から、あるいは他者への疾病特性の指摘による気づき効果など、個別の治療では得られない効果も期待できる。

社会復帰の手順

社会的な引きこもりが改善されて、本人に就学や就労の希望があれば引き続いて支援を行うが、実際は本人の意欲を引き出すことは容易でないことも多い。本人が自分の生活スタイルをかたくなに変えない場合、本人の希望が現実的ではない場合、これまでの経験から不安や恐怖心が強い場合など様々である。

本人の意欲を高める一般的な手法があるわけではないが、引きこもりに近い状態からすぐに就労というのは、ギャップが大きい。このため、当初は「人に慣れる、一般の生活に慣れる」ことを目標にして、サポートをしていくことが多い。

就学支援は、学校生活や通学、学習、対人関係における問題点を本人、家族と検討し、スクールカウンセラーや教師、あるいは発達障害者支援センターなどの公的機関と連携して行う。

就労支援については、知的な障害が強ければ保健所や発達障害者支援センターを通じて就労継続支援施設や地域活動支援センターを紹介することが多い。知的な障害がないか軽度である場合、一般就労ないしは障害者雇用を検討する。この際、就労移行支援事業の利用は有効である。

成人期のＡＳＤでは通常、確認、管理、保守、点検、品質などを扱う職種が適しているとされ、自治体のハローワークや地域障害者職業センター、障害者雇用支援センター、発達障害者支援センターなどの支援を得られる。

発達障害者の就労に際して、各企業には合理的配慮の提供が求められている。治療者、支援者も当事者の業務の内容を把握しておくと、企業の担当者や支援者との話し合いを円滑に行うことができる。一方で、同じ成人のＡＳＤでもその症状特性にはかなりのばらつきがあるため、画一的な配慮は適切ではない。

ある程度安定した状態が持続した場合、病院への受診は数か月おきの不定期な診療で十分となることが多い。だが、障害そのものは生涯を通じて存在するため、問題が生じたときの入り口の一つとしていつでも利用できる旨は伝えておかないといけない。

烏山病院における心理社会的治療

　前述したように、ＡＳＤに対する薬物療法は、ＡＳＤの中核的な症状に対して有効な薬剤はいまだ開発されていないため、心理社会的治療の重要性は大きい。以前のアンケート調査の結果では、烏山病院に通院している成人期のＡＳＤ当事者（２１２名）において、「対人関係の維持・構築（66・３％）」「コミュニケーション技術の習得（64・７％）」のニーズの比率が高かった。

　最近では、ＡＳＤに特化した心理社会的治療を実施する機関が少しずつ増えつつある。保険診療上においても、２０１８年度より40歳未満の患者に精神科小規模ショートケアを実施した場合、疾患別等専門プログラム加算が認められるように診療報酬が改定された。

　烏山病院では、２００８年よりＡＳＤを中心とした発達障害専門外来・デイケアを開設し、ＡＳＤに特化した専門プログラムを行っている。ここでは、専門プログラムの概要とその効果、集団療法の意義、就労に至る道筋などについて述べたい。

　烏山病院のデイケアを利用しているＡＳＤの患者の特性としては、幼少期、学校教育では重大な不適応はみられず、成人となってから初めて精神科を受診した者が大半である。

こうした当事者においては、成人期、あるいは就労に至るまで、ASDの症状による特性にある程度は対処して生活を送ってきたものの、より複雑な状況や課題に対応することが困難となり、不適応状態となって精神科を受診した者が多い。

ASDの専門プログラムは、1回3時間のショートケアの枠組みで実施している。参加者10~12名に対して、スタッフは2名以上配置し、対象者の背景に合わせ、就労群は土曜日、学生や就労を目指している群は平日に実施している。プログラムの目的は、以下に示す5つとしている。

①互いの思いや悩みを共有する。
②新しいスキルを習得する。
③自己理解を深める。
④より自分自身に合った「処世術（対処スキル）」を身につける。
⑤同質な集団で新たな体験をする。

ASDに対するプログラムは、全20回で構成されている。実際の運営は、当院で作成したマニュアル・ワークブック「大人の自閉症スペクトラムのためのコミュニケーション・トレーニングマニュアル」「大人の自閉症スペクトラムのためのコミュニケーション・トレーニング・ワークブック」に沿って実施をしている。

具体的な内容としては、心理教育、認知行動療法、ピアサポート、社会資源に関する情報提供などを含んでいる。また、プログラムの前後で「ウォーミングアップ」「始まりの会」「終わりの会」の時間を設け、主なテーマへのスムーズな移行や他者の理解に配慮しながら効率よく自分の伝えたいことを要約する練習や、自己開示性を高める機会も設けている。

プログラムの効果として、非参加群と比較したところ、プログラムの参加によりＡＳＤ特性の軽減や、コミュニケーション技能、生活の質が改善を示す知見を得ている。これには、場面場面による適切な対処行動の学習や、自己理解に基づく得意とする能力の活用、安心できる場所における参加者同士での体験の共有による孤立感の低下などが、よい影響を与えていることが考えられている。

専門プログラムにおけるスタッフ

スタッフの職種は、心理士、看護師、精神保健福祉士、作業療法士など多職種のスタッフでのペアで実施できるよう配置している。リーダーとなるスタッフの役割は、発言をしやすい雰囲気を作り出し、参加者の発言量・発言スタイルに合わせて適宜発言を促したり、行きすぎた発言を抑える働きかけをすることである。サブリーダーの役割は情報を整理し、視覚化するための板書や、フォローとなっている。

実施においては、グループの凝集性を高め、スムーズにグループの運営を行うため、参加者が固定されたクール制をとっている。

また、ＡＳＤの人が有する感覚の過敏性に対して、雑音などの聴覚刺激や、蛍光灯や掲示物など集中を妨げないよう視覚刺激のコントロールなどの配慮が必要となる場合もある。

専門プログラム修了者のうち、必要な者に対しては、１回６時間の枠の通常のデイケアで継続した支援を行っている。終了者においても、社会的な引きこもりが解消され、居場所を得て、慣れ親しんだ環境やスタッフとの関係継続を望む場合も多い。さらに、希望者には就労支援にも取り組み、デイケアでの様子を基に本人の特性を理解し、雇用先へ特性を理解してもらえるよう働きかけているケースもある。

プログラム参加者の多くは家族と同居しており、当事者と最も接する機会が多い家族を対象とした心理教育やサポートも実施している。デイケアの家族会を運営するとともに、年に

2回「家族のつどい」を開催し、発達障害に関する講演や家族同士の交流や情報交換の機会を提供している。この集まりは、家族同士が経験を共有し、障害の理解を深めることで家族の孤立感を解消することにもつながっている。

集団療法の意義

ASDにおいては、その特性から「集団に参加する」「対人行動に進んで参加する」などにおいて困難を伴うことが多いものの、プログラム修了者の7割が「同じ障害を持つ人に出会えた」ことが役立ったと回答している。他の施設における同様のプログラムにおいても、「仲間がいて安心できる場所」の確保が大きな成果であったと報告している。

ASDの当事者は成長の過程で活動拠点となるコミュニティの獲得に失敗しており、安心して自分を委《ゆだ》ねられるコミュニティが必要である、と指摘されている。複数のASD当事者が同じ集団に参加することは、疎外感の解消や、他者から、あるいは他者への疾病特性の指摘による気づき効果が得られることが期待できることに加えて、「人に慣れる」ことを通じた社会的な引きこもりからの回復には有用であり、さらには就労のための訓練の場ともなっている。

成人期のＡＳＤの中で、成人になるまで自分の障害に気づかずに生きづらさを感じて生活してきた人においては、自分の特性に説明がつくことで安心することが多い。さらに、同じ悩みを抱える仲間と出会えることも意義深い体験である。

これまで周囲に理解されず苦しみ、自己肯定感を低めていた者たちにとって、同質者の集団へ所属することを求める者は多く、その集団の中で、自己の理解や対処を促すためのトレーニングを行うことは、職場や学校など社会的に求められる対人関係や行動様式に利用が可能である。このような治療は、通常の外来よりはるかに効果がある。

自身が自分なりに生活の中で取り組んできた対処法が他者の参考になる、という点については、他者の役に立つという経験から自分への評価を向上させるものとなる。

就労に利用できる制度のまとめ

ここでは、ＡＳＤの人が就労のために利用できる制度についてあらためてまとめていきたい。従来はＡＳＤに特化したシステムがないため、一般の精神障害者が利用できる既存の支援制度を利用してきたが、最近では、発達障害の特性に配慮した取り組みが増えつつある。

1．障害者雇用

発達障害の人が就労する際、前述のように雇用主に障害のことを伝える〝オープン就労〟と、雇用主に障害のことを伝えない〝クローズド就労〟に分けられる。障害者の雇用の促進などに関する法律「障害者雇用促進法」（障害者の雇用の促進等に関する法律）では、事業主に対して雇用する労働者に占める障害者の割合が一定率（法定雇用率）以上になるよう義務づけている。

発達障害の人は精神障害の枠に含まれており、「精神障害者保健福祉手帳」を取得することによって、法定雇用率の対象者としてカウントされる。この制度を利用した雇用が〝オープン就労〟である。

〝オープン就労〟においては、障害の特性に配慮した職場環境の中で仕事ができるメリットがある。2013年4月より、民間企業の法定雇用率が1・8％から2・0％に引き上げられた。この数値は、2018年からは民間企業2・2％、国と地方公共団体は2・5％と定められた。この数字はさらに引き上げられる予定である。

2018年には同時に、精神障害者の雇用義務と合理的配慮の提供義務が定められた。このため、今後、求人数がさらに増加することが予測されるが、発達障害者の特性に特化した企業の取り組みに期待したい。ただし精神障害者保健福祉手帳を取得することへの葛藤が強い当事者が一定数いることについて、配慮が必要である。

2．ハローワーク

ハローワークは就職希望者の求職登録を行い、専門の職員・職業相談員が職業相談、職業紹介、職場への適応指導を実施している。また、障害者を雇用している事業主、雇い入れようとしている事業主に対して、雇用管理上の配慮などについての助言なども行っている。一部のハローワークには「精神障害者就職サポーター」が配置されており、就労に関する相談機能を持っている。

3．障害者就業・生活支援センター

障害者雇用促進法によって設置されている施設である。障害のある人の就業と、それに伴う日常生活面の相談や支援を行う機関で、全国に約３００のセンターが設置されている。関係機関との連携のもとに、就職活動に関する適職の相談、履歴書の書き方や面接の相談、採用面接への同行などを行っている。就職後も職場訪問を行い、本人だけではなく雇用主に対しても助言をしている。烏山病院のデイケア利用者においては、オープン就労を目指す多くが、就業・生活支援センターを利用している。

4．障害者職業センター

職業リハビリテーションの中心となる機関で、障害者に関する専門の職業カウンセラーが在籍し、職業の能力を評価する「職業評価」や、適切な職業選択を行うための助言であるので、「職業指導」などを行っている。このセンターは障害者雇用促進法に基づいて設置されたもので、障害者個人のニーズに応じて職業リハビリテーションを実施すること、事業主に対して専門的な助言支援を行うことなどを主な業務としている。

5．就労移行支援事業

就労移行支援事業は、「障害者総合支援法」に定められたサービスの一つで、原則24か月(2年)、利用が可能である。この事業においては、就労の希望のある障害者に対して、事業所内における作業訓練や企業における実習、適性に合った職場探し、就労後の職場定着のための支援などを行っている。就労移行支援の事業者においては、次のような支援を提供している。

- 希望する就職に必要な知識と能力を身につける職業訓練
- 履歴書や応募書類の添削、模擬面接
- 就職、求職活動に関する相談や支援
- 企業における職場実習などの機会の提供
- 職場定着のための支援

就労移行支援においては、近年はパソコン作業に特化した事業所や発達障害特性に合わせた事業所など、様々な取り組みがなされている。株式会社Kaienなど、発達障害に特化した事業所も設けられている。

6. 障害者委託訓練事業

国からの委託を受け企業や社会福祉法人、民間教育訓練機関などの施設における職業訓練を行う事業である。パソコンの訓練だけではなく、ビジネスマナーや清掃など内容は様々である。期間は1~3か月のものが多い。就職前に、技能を身につけることだけではなく、職業準備性を再検証するために活用しやすいが、1年に1度という利用制限がある。

ASDの人の就労状況

烏山病院デイケアにおいてASDのグループ療法に参加している77人を対象に、就労に関する調査を行った。アンケートの実施時においては、就労している者は65％であった。

就労状況に関する調査では、ASDに向いているとされる仕事（一般就労）に就いている者は29％、向いていないとされる仕事（一般就労）に就いている者は20％だった。その他、障害者雇用による就労が11％、何らかの就労訓練を利用中のものが11％、その他29％は学生もしくはデイケア参加のみの者であった。

就労している者に行った「仕事について困っていること」のアンケート（複数回答）では、〝業務内容〟や〝業務の進め方〟と答えた者が41％で、いわゆる職業スキルに困難を抱えている者が多いことが示された。また〝人間関係〟や〝職場の理解〟に困難を感じる者が49％みられた。

就労していない者に行った「就職について難しく思うこと」のアンケートでは、〝就職活動が不安〟〝向いている仕事がわからない〟と答えた者が半数を超えた。

烏山病院デイケアにおいて定着率の高いメンバーをみると、自己認知、ジョブマッチングができており、実習や短期訓練を介した者が多かった。また、デイケアのプログラムに意欲的に参加し、一定のコミュニケーションスキルを習得している者が多く、就業・生活支援センターや雇用主とよい関係が築けていた。

就労における重要な点

ここではＡＳＤの人が就労するにあたり、重要な点について述べる。

1．自己認知

自己認知とは、自分の障害や特徴を把握することを意味する。ＡＳＤでは、コミュニケーションがうまく取れずに集団になじみにくく、的確に状況を判断することが難しいため、臨機応変な対応ができない。手先が不器用なために作業能力が低い者も多く、これらのことが理由になって孤立し、被害的意識が強くなり、自己肯定感の低下を招く場合も多い。

一方で、高い集中力や情報収集能力など、得意な面を持っている者も多い。これらはあくまでも一般的な特徴であって、個人差は大きく、他者のことがわかりづらいのと同時に、自分のことも正しく認識できない者が多い。

自己認知を高めるために不可欠であるのが、経験を増やし、積み重ねることや自己肯定感を高めていくことである。そのためには、信頼できる他者から受け入れられる体験や、同じ悩みを持つ者からの洞察や気づきが有効である。

これらはデイケア、自助グループ、就労移行支援事業などが担う役割であり、悩みを表出できる場や心理教育が有効である。それらを通し、自分の得手不得手やどんな仕事が向いているかを正しく認識していくことが重要である。

2．見通しを立てる

ＡＳＤは予測していなかった変化により混乱したり、自分の行動の結果を想像するのが難しかったり、計画を立てたりすることが苦手などの特徴を持つ。学生時代までは自分の興味や関心を中心に考えることができるが、就労してからは自分のやりたいことを我慢したり、他者と協調したり、見通しを立てて日々の業務を行うことが求められる。

就労を目指すＡＳＤのデイケア利用者の多くが、「仕事をすることがどういうことかわからない」「自分が何をしたらよいかわからない」という困難さを訴える。初めて経験することであればだれにとっても同じ悩みがあるが、変化を苦手とするＡＳＤは、このような漠然とした不安や悩みがあることで行動そのものが阻害されやすい。また、前向きに考えることや、望ましい結果を想像して計画的に考えることが難しい。

さらに非現実的な考えに固執する傾向もあり、なかなか現実的に物事を見通すことが難しい。このため仕事をすることへのイメージ作りや予測できることの幅を広げるために、訓練や実習を活用することが有効である。

3. 周囲の理解

知的能力の高いＡＳＤにおいては、一見したところ障害がわかりにくく、かつ高学歴であることが多いため、障害を明かさない〝クローズド就労〟の場合は、職場で他の社員と同じ、もしくはそれ以上の要求をされてしまいがちである。

また、専門知識が豊富な場合は期待もされやすいが、その知識の活用や汎用性は限定的であり、過度なこだわりと関連していることも多く、業務に支障が出てしまいやすい。

〝オープン就労〟の場合は、自分の特徴を伝える機会があり、適切なサポートが得られる可能性が大きくなる。環境の影響を受けやすいＡＳＤの人にとって、自分の理解者やサポーターが周囲にいるかどうかは、安定した就労をするうえで大切である。このような環境を整えるためには、自己認知を促進し、支援者と共に就職活動を行い、自分の特徴を適切に伝えることが必要である。就労支援センターやジョブコーチがこれらの役割を担うこととなる。

４．好かれるコミュニケーション

ＡＳＤの中核症状であるコミュニケーションの障害は、就労後もついて回る問題である。話題の扱い方や社会的コミュニケーションにおける柔軟性などがポイントではあるが、それらを克服することは難しい。

最低限のコミュニケーションスキルとして、自分の状態や意見を正しく伝えることができることや、形式的にでも相手を気遣う言葉を伝えられるかなどが大切である。例えば、職場での帰宅時に「また明日もよろしくお願いします」と言えることや、笑顔を一瞬でも作ることができるか、などが求められることが多い。

デイケアにおける支援の中で感じることは、コミュニケーションが下手なＡＳＤの人でも、どこか魅力的な面を持っていることである。これは特異な才能ということではなく、真面目さや不器用さを持つがゆえの「愛嬌《あいきょう》」とでも言える点である。

この〝愛されキャラ〟とでも言うべきものは、コミュニケーションの平板さや表情の乏しさによってみえづらくなるが、周囲は当事者のこのような側面を認めるとともに、当事者の側としては、周囲に「力になりたい」と思ってもらえるような好かれるコミュニケーションを身につけ、よい面をうまく周囲に伝えていくことが重要である。

ＡＳＤの人に向く仕事

一般にＡＳＤの当事者は、「定型業務」への適性がみられ、繰り返しコツコツとする事務作業が向いている。もっとも事務といっても、人と接する場面の多い工程や、客の要望や会社の状況を考えながら可能なサービスや商品を考え調整する業務への対応は難しい。

これに対して、変化が少なく、ルーティンを定められた通りに行う業務、例えば決められたデータ入力やＰＤＦファイルの作成などの仕事への親和性は高い。ただし定型業務は、ＡＳＤでなくても、多くの人が対応が可能で給与が低めに抑えられがちとなる。

ＡＳＤに向いているとされる職業には、以下のものがある。

- 経理・財務、法務・情報管理、コールセンター、テクニカルサポートなど、ルールやマニュアルがしっかりしている職種

- プログラマー・テスター、ネットワークエンジニア、電化製品等の販売員、塾での問題作成など、数字・論理や豊富な知識で対応できる職種
- ＣＡＤオペレーター、工業系デザイナー、設計士など、視覚情報が重要である職種

ＡＳＤの人は、ルールやマニュアルなど決められたものがあれば、単調であっても遂行が可能である。経理、財務、法務の他、個人情報の管理なども向いている。またしっかりしたマニュアルがあれば、一定の対人接触が必要なコールセンターやテクニカルサポートなどの業務も支障なくこなせることはまれではない。

工業製品などのデザインやＣＡＤといった、機能を求められる部分で、画像や映像など視覚情報のこだわりが生かせるデザインの分野も、ＡＳＤの人にはフィットしやすい。

定型業務がよいなら、公務員はどうだろうか。公務員の仕事は定型的と思っている人が多いが、最近は定型的な部分は業者に委託していることが多く、職員が行っているのは企画・住民や業者間の調整などＡＳＤの人には苦手な業務が少なくない。一方で、公務員の障害者枠での採用が増えており、就労のチャンスは増加している。

リワークを利用する男性

黒田三喜彦さんとは、10年近いお付き合いになる。黒田さんが初めて発達障害の専門外来を受診したとき、彼は40代の前半だった。黒田さんの初診時の希望は「適応障害、うつ病と診断されているが、自分の二次的あるいはルーツとして発達障害、ＡＤＨＤがあるか知りたい」というものだった。

その当時、黒田さんは勤務先の会社を休職している状態だった。別の精神科のクリニックに、その前年より通院をしていた。そのクリニックでは、抗うつ薬と睡眠薬が投与され、さらにリワークに参加していた。

リワークとは、通常はうつ病で会社を休職した人が、会社への復帰のために利用するリハビリテーションのプログラムである。期間は１〜３か月程度のことが多く、利用者は毎日リワークの施設に出向いて、パソコンの入力作業など決められたプログラムをこなすことが求められる。

うつ病で自宅療養をしている状態からいきなり会社に復帰することには、体力的、精神的にかなりのギャップがあるのは確かである。このため、うつ病を発症する人が増加した１９

９０年代ごろから、各地に社会復帰のためにリワーク施設が開設されるようになった。最近では、会社への復職の条件としてリワークを一定期間利用することを求めている会社も増えている。リワークの制度には、ある程度の有用性があることは認められている。

しかしながらその一方で、うつ状態が慢性化した例においてはなかなかリワークの効果が認められないケースも多い。黒田さんのケースがそうだったように、うつ病と診断をされているにもかかわらず、実際は発達障害が基本的な障害であることもみられ、こうした場合においては、社会復帰が難しいことが多い。黒田さんが通院していた精神科クリニックからの紹介状には、次のように記載されていた。

「……現在のリワークはＣＢＴ（認知行動療法）を中心として、サイコドラマなど復職支援プログラムを行っていますが、ご本人より専門家による診断の吟味とトレーニングとして何か別のグループに参加した方がいいかとの相談があり紹介させていただきました」

いつも一人で泣いていた

初診時、黒田さんは「子供のころの記憶」というタイトルで、自らの生育歴をまとめたレポートを持参してきた。その内容から一部を紹介したい。

「幼児期、公園の砂場にいたとか、三輪車に乗るとか、普通の子供のように遊んだ記憶がない。父の実家に連れていかれたが、相手をしてくれる人がいないので、一人で外を眺めてバスが通ると手を振っていたことを覚えている。親に連れられて公園に行って電車を見たり、路線バスに乗ったりしたことはあったが、両親は仕事で忙しく、両親と一緒に出かけた記憶はほとんどなく、他の家族がうらやましかった。

幼稚園ではいちおう集団行動には参加していたが、一人でポツンといることが多く、親しい友達はできなかった。そそっかしい面があり、幼稚園の下駄箱の近くで転んで大泣きをしたことや、近所のアパートの部屋で手を振り上げたときに棚からレコードやステレオを落として泣き叫んだこともあった。

また、理由はわからないが、小学校の就学前の検診で、区の教育センターでの相談を指示されて、面接に行ったことを覚えている」

小学校では、嫌な記憶しか思い出せない。消極的でおとなしかったため、いつもいじめに遭っていた。友達からぶたれる、用水路から突き落とされる、集めていた切符を脅し取られたことなどもあった。いじめられた後はだれにも相談できずに、一人で泣いていた。音楽や体育が苦手だった。

３年生でクラス替えがあり、それまでのいじめの加害者とは別のクラスになりほっとしたが、消極的な性格に変化はなく、なかなか友達ができなかった。だが４年になるころには、多少の交流はできるようになった。

この当時、母が内職をやめてパートに出るようになったため、一人で家にいる時間が増えた。家では、電車の時刻表を読みあさって過ごした。休みのときには、一人で遠方まで電車に乗って出かけることもあった。ただ電車に乗っているのが好きだった。電車のシートに足を乗せていたら、家出人と間違えられたこともあった。フリー切符を使って途中下車を繰り返して、入場券を集めたこともあった。

高学年では、電車は相変わらず好きだったが、よく図書館に行くようになった。大人の閲覧室から本を借りて読むことが多かったので、職員から子供室の本を読むように注意されたこともあった。

中学生になっても、一人でいることが多かった。小学校のときと同様に、周囲の生徒からいじめられることが多かった。同級生からぶたれたり、女生徒からもよくからかわれた。

中2のときが、最もいじめがひどかった。教科書を隠されて小突かれたり、ズボンの上から性器を強く握られることもあった。賞味期限切れの牛乳を無理やり飲まされた。休み時間はいつも一人で、校舎のすみでバスが通り過ぎるのをみて過ごした。

高校は中位のレベルの公立高校に進学した。電車通学が楽しかった。毎日乗った電車の運行番号や編成番号をメモにとって記録した。電車の名前もよく記憶していた。余分に切符を買って、取っておくこともあった。

学校では一人でいることが多かったが、図書委員になったので、蔵書の点検を積極的に行った。図書館の司書とは顔なじみになり、後に数少ない友人になった。ただ高校でも、友人関係はうまくいかないことが多かった。悪気はなかったが自分の発言が奇妙で、クラスの女生徒に嫌な思いをさせたことがあった。

このように小児期から学校時代を通じて、黒田さんは対人関係が苦手で、親しい友人もできずにいつも孤立傾向がみられている。

「適応障害」に納得せず

高校卒業後、黒田さんは、印刷会社、税理士事務所などいくつかの職場に勤めている。仕事の内容は、一般事務が中心だった。学生時代と同様に人間関係は苦手で、それが原因で長続きしないこともあった。

印刷会社では、印刷物の校正、原稿の整理などの他、電話対応など雑用をすべて担当した。ただし会社の業績が悪化し、退職となった。税理士事務所は20年余り勤務し、様々な税務関係の書類の作成を担当した。

45歳ごろからは保育園などを運営する社会福祉法人に勤務し、やはり一般事務を担当したが、待遇面で他の職員と差をつけられて「自分は必要のない人間なのか」と思い悩むようになった。人間関係でもうまくいかなくなり、精神的に不安定となり、精神科を受診した。

本人の話では、職場においては、女性の同僚とうまくいかないことが多かった。距離感がうまくとれずに、つい余計なことを言ってしまったり、過剰に世話をしようとして関係を悪化させてしまうことがよくみられた。

黒田さんは、精神科クリニックで適応障害と診断されて休職となった。そこで投薬、リワークなどの治療を受けたが、冒頭で述べたように、本人はその診断名に納得せず、自ら発達障害ではないかと思い専門外来を受診した。黒田さんは子供のころからそそっかしく、忘れ物や落し物などが多かったため、自分ではADHDではないかと考えたし、一定のADHDの特性はみられている。

ただ、黒田さんの主要な問題は、不注意ではなく小児期から現在に至るまで対人関係やコミュニケーションの障害がみられたことである。黒田さんは一見すると人なつっこいところがみられ、必ずしも対人関係の重大な問題があるようにはみえない。

一方で彼は、他人に対する気配りや「場の雰囲気を読む」ことが苦手で、長期的に安定した対人関係を築くことはできなかった。こうした点から、黒田さんには、ASDの症状が認められると考えられた。ASDには、特定の事柄に対して興味が限られていることが特徴的であるが、電車や本に対するこだわりが相当していた。

黒田さんはASDとADHDの両方の特徴がみられるが、より重要であるのはASDの症状であり、これにより、社会適応が妨げられていた。その後の黒田さんは結局勤務先を退職し、昭和大学烏山病院の発達障害の専門プログラムを利用して、社会復帰を目指した。

1年余りのデイケアから社会復帰へ

烏山病院で黒田さんは、熱心にデイケアに参加した。初日からスタッフの指示を待たずに、他のメンバーに交じってラジオ体操などのプログラムに取り組んだ。ただデイケアにおける黒田さんの発言には、どこか一方的なところがあり、他のメンバーが不満に感じることが何度かみられた。

文集作りのグループ活動の際には、黒田さんは司会を担当し、自ら他のメンバーに構成や分担のアイデアを出したが、一人のメンバーが黒田さんの発言に反応してパニック発作を起こしてしまった。その他のメンバーもパニックを起こしたメンバーを擁護したため、黒田さんは涙目になり、司会もストップしてしまった。

黒田さんのアイデアは全体的には大きな問題はなかったが、メンバー一人ひとりに個別に実行する部分を指定していたため、指定されたメンバーがとてもできないとパニックになってしまったのだった。

また、黒田さんは普段は温厚で笑顔を絶やさないが、些細なことで急に激高し、本人も収拾がつかないことがみられた。デイケアのメンバーで、ダーツのゲームをしたときのことである。

ゲームの中で黒田さんは経験のあるメンバーが場を仕切っていることに反応し、さらに自分がダーツをすべて外したことに苛立《いらだ》って、ダーツを床に投げ捨てた。このときは、スタッフが声かけをしても、表情を硬くしたまま何も答えようとしなかった。

また部屋の冷房を弱めるか強めるかということで、他のメンバーと口論となり、涙が止まらなくなったこともみられている。「怒ると周りがみえなくなってしまう」と本人は述べている。

こうしたことがありながらも、黒田さんは1年余りデイケアで経験を重ね、その後、ハローワークに求人のあったＩＴ系の会社の障害者雇用に応募して採用された。仕事は一般事務である。

その後、黒田さんは現在まで問題なく業務を遂行している。静かな職場なので眠くなることもあるが、対人関係のトラブルもなく順調に仕事をこなしている。デイケアのＯＢ会にも頻繁に参加している。

おわりに

最近、外来で実際に聞いた話である。患者さんは30代後半、高学歴で優秀なデータサイエンティストで、外資系の企業に勤務している。仕事の能力は高い評価を得ているものの、会社の中の世渡りはあまり上手ではない。

聞くと、2年余り前に上司が変わったが、この上司と折り合いが悪く、一度も高い評価をつけてもらえないため昇進できないのだという。実は、この不仲には原因があった。上司が異動してきて間もない時期、幹部を交えた重要な会議でその上司がプレゼンをしているときに、患者さん本人が上司の誤りを鋭く指摘して切り捨ててしまったというのである。

会社の「空気」にはいろいろなタイプがあって、上司であろうと、経営者であろうと、構わず議論を吹っかけてやっつけても構わないようなところや、そういった熱気が求められている部署があるのは確かだ。イーロン・マスクが起業した当時のPayPalは、常に深夜まで議論が絶えない「戦争状態」のような職場だったらしい。

けれども日本の大部分の会社では、陰でいじめや嫌がらせが横行していても、議論も争いも表立って起きることは少ないし、上席で立場のある人物は論破されることを好まない。会社の中の事柄は、組織を牛耳っている人物の筋書き通りに、静かに進行していくのが通例である。たとえその方向が会社に損害をもたらす可能性が大きくとも、逆らってはいけないのである。

ここに記したような状況は一般の人においてもみられるものであろうが、このケースの人物はＡＤＨＤのため、自己コントロールや抑制が苦手という特性を持っていて、その後も上司に盾突くような態度を示したために、事態がより深刻化してしまったのであった。

社会で生き抜いていくには、雇われている側には、自己コントロールとともに、たとえ納得できない場合でも、集団の「きまり」に従うことが求められている。本書のテーマである発達障害の人たちは、このような「社会のルーティン」に従うことが苦手な人が多い。

一般の社会、あるいは経営者側は彼らをうまく扱えないために邪魔な者として排除しようとするかもしれない。しかし、硬直した現状を打破する新しいブレークスルーを生み出すためには、本来はそういった「非常識な感性」を適切にマネージし、活用することが必要なのである。

本書に記した内容について、より広い知識を得たいという読者のために、以下に文献を記載するので、参考にしていただければ幸いである。

・書籍

岩波明編著『これ一冊で大人の発達障害がわかる本』（診断と治療社）
岩波明『発達障害』（文春新書）
岩波明『天才と発達障害』（文春新書）
武田双雲『ＡＤＨＤを「才能」に換える生き方』（共著、ビジネス社）
柳家花緑『僕が手にいれた発達障害という止まり木』（幻冬舎）
オリヴァー・サックス『火星の人類学者』（ハヤカワ文庫ＮＦ）
サイモン・バロン＝コーエン他『自閉症とマインド・ブラインドネス』（青土社）
ウタ・フリス編著『自閉症とアスペルガー症候群』（東京書籍）

・論文

林若穂他「心の理論と神経発達障害」『精神科』41巻2号 P344-352（2022年8月）
西尾崇志他「成人期自閉スペクトラム症の生活、修学、就労状況に関する診療録調査」『精神科』40巻6号 P870-877（2022年6月）
林若穂他「ADHDと自閉症スペクトラム障害（ASD）変遷する両者の関係性」『医学のあゆみ』280巻2号 P141-146（2022年1月）
中村善文他「成人発達障害専門外来における診断名および自己記入式評価尺度の検討」『精神医学』63巻10号 P1555-1567（2021年10月）
大森裕他「成人期自閉症スペクトラム障害における発達障害デイケアプログラム後の就労状況の検討」『精神医学』62巻1号 P95-103（2020年1月）
岩波明他「自閉スペクトラム症とADHDの現在 ADHD概念の普及はおとなの精神科診療をどう変えたか ADHDと併存疾患の関連」『臨床精神医学』48巻10号 P1149-1158（2019年10月）
新井豪佑他「自閉症スペクトラム障害（ASD）における人物動画に対する視線計測」『精

神科』34巻6号 Ｐ６４０-６４４（２０１９年6月）
五十嵐美紀他「成人ＡＤＨＤのデイケア支援」『精神科』34巻5号 Ｐ４５２-４５６（２０１９年5月）
岩波明他「いじめ、不登校と発達障害」『精神科』34巻2号 Ｐ２０４-２０８（２０１９年2月）
水野健他「成人期の発達障害に対する集団プログラム」『総合リハビリテーション』46巻9号 Ｐ８２７-８３１（２０１８年9月）
岩波明他「就労年齢における発達障害の特徴」『日本医事新報』４９１０号 Ｐ28-32（２０１８年6月）
霜山祥子他「就労とＡＤ／ＨＤ」『日本臨床』76巻4号 Ｐ６５０-６５７（２０１８年4月）
岩波明他「大人の発達障害の治療戦略」『精神科治療32』巻12号 Ｐ１５６７-１５７１（２０１７年12月）
五十嵐美紀他「成人ＡＤＨＤの心理社会的治療」『臨床精神医学』46巻10号 Ｐ１２４３-１２４８（２０１７年10月）
森田哲平他「成人期ＡＤＨＤと双極性障害」『Bipolar Disorder』13巻 Ｐ51-60（２０１５

年6月）
大野泰正他「アスペルガー障害における注意欠如・多動性障害の症状」『精神科』24巻6号P717-722（2014年6月）
岩波明他「広汎性発達障害の認知障害」『臨床精神医学』（0300-032X）42巻12号P1489-1496（2013年12月）

PHP新書

PHP INTERFACE
https://www.php.co.jp/

岩波 明［いわなみ・あきら］

1959年、神奈川県生まれ。精神科医、医学博士。東京大学医学部卒業後、東京都立松沢病院、東大病院精神科などを経て、昭和大学医学部精神医学講座主任教授、同大学附属烏山病院病院長。発達障害の臨床研究、統合失調症の認知機能障害、精神疾患と犯罪などを主な研究分野とする。著書に『発達障害』（文春新書）、『発達障害はなぜ誤診されるのか』（新潮選書）、『他人を非難してばかりいる人たち』（幻冬舎新書）、『精神医療の現実』（角川新書）など多数。

職場の発達障害

（PHP新書 1369）

二〇二三年十月九日 第一版第一刷

著者――岩波 明
発行者――永田貴之
発行所――株式会社PHP研究所
東京本部――〒135-8137 江東区豊洲5-6-52
ビジネス・教養出版部 ☎03-3520-9615（編集）
普及部 ☎03-3520-9630（販売）
京都本部――〒601-8411 京都市南区西九条北ノ内町11
組版――有限会社メディアネット
装幀者――芦澤泰偉＋明石すみれ
印刷所――大日本印刷株式会社
製本所――東京美術紙工協業組合

ISBN978-4-569-85592-9

ＰＨＰ新書刊行にあたって

「繁栄を通じて平和と幸福を」（PEACE and HAPPINESS through PROSPERITY）の願いのもと、ＰＨＰ研究所が創設されて今年で五十周年を迎えます。その歩みは、日本人が先の戦争を乗り越え、並々ならぬ努力を続けて、今日の繁栄を築き上げてきた軌跡に重なります。

しかし、平和で豊かな生活を手にした現在、多くの日本人は、自分が何のために生きているのか、どのように生きていきたいのかを、見失いつつあるように思われます。そして、その間にも、日本国内や世界のみならず地球規模での大きな変化が日々生起し、解決すべき問題となって私たちのもとに押し寄せてきます。

このような時代に人生の確かな価値を見出し、生きる喜びに満ちあふれた社会を実現するために、いま何が求められているのでしょうか。それは、先達が培ってきた知恵を紡ぎ直すこと、その上で自分たち一人一人がおかれた現実と進むべき未来について丹念に考えていくこと以外にはありません。

その営みは、単なる知識に終わらない深い思索へ、そしてよく生きるための哲学への旅でもあります。弊所が創設五十周年を迎えましたのを機に、ＰＨＰ新書を創刊し、この新たな旅を読者と共に歩んでいきたいと思っています。多くの読者の共感と支援を心よりお願いいたします。

一九九六年十月

ＰＨＰ研究所